/100位

为新中国成立作出突出贡献的英雄模范人物/

杨 开 慧

任传华/编著

★

吉林文史出版社

图书在版编目（CIP）数据

杨开慧 / 任传华编著. -- 长春：吉林文史出版社，
2011.4（2022.4重印）
（100位为新中国成立作出突出贡献的英雄模范人物）
ISBN 978-7-5472-0543-3

Ⅰ．①杨… Ⅱ．①任… Ⅲ．①杨开慧（1901～1930）—
生平事迹 Ⅳ．①K827=6

中国版本图书馆CIP数据核字(2011)第050717号

杨开慧

YANGKAIHUI

编著/ 任传华

选题策划/ 王尔立　责任编辑/ 王尔立

装帧设计/韩璘

出版发行/ 吉林文史出版社

地址/ 长春市福祉大路5788号　邮编/ 130118

电话/ 0431-81629363　传真/ 0431-86037589

印刷/ 天津海德伟业印务有限公司

版次/ 2011年4月第1版 2022年4月第6次印刷

开本/ 640mm×920mm　1/16

印张/ 9　字数/ 100千

书号/ ISBN 978-7-5472-0543-3

定价/ 29.80元

《100位为新中国成立作出突出贡献的英雄模范人物》丛书

★★★★★

编　委　会

/100位

为新中国成立作出突出贡献的英雄模范人物/

八女投江	于化虎	小叶丹	马本斋	马立训	方志敏
毛泽民	毛泽覃	王尔琢	王尽美	王克勤	王若飞
邓 萍	邓中夏	邓恩铭	韦拔群	冯 平	卢德铭
叶 挺	叶成焕	左 权	诺尔曼·白求恩		任常伦
关向应	刘老庄连	刘伯坚	刘志丹	刘胡兰	吉鸿昌
向警予	寻淮洲	戎冠秀	朱 瑞	江上青	江竹筠
许继慎	阮啸仙	何叔衡	佟麟阁	吴运铎	吴焕先
张太雷	张自忠	张学良	张思德	旷继勋	李 白
李 林	李大钊	李公朴	李兆麟	李硕勋	杨 殷
杨子荣	杨开慧	杨虎城	杨靖宇	杨闇公	萧楚女
苏兆征	邹韬奋	陈延年	陈树湘	陈嘉庚	陈潭秋
冼星海	周文雍、陈铁军夫妇		周逸群	明德英	林祥谦
罗亦农	罗忠毅	罗炳辉	郑律成	恽代英	段德昌
贺 英	赵一曼	赵世炎	赵尚志	赵博生	赵登禹
闻一多	埃德加·斯诺	夏明翰	格里戈里·库里申科		
狼牙山五壮士	聂 耳	郭俊卿	钱壮飞	黄公略	
彭 湃	彭雪枫	董存瑞	董振堂	谢子长	鲁 迅
蔡和森	戴安澜	瞿秋白			

前 言

　　每个人的心中都多少有一点英雄情结，都向往英雄、景仰英雄。也正因此，在中华人民共和国建国六十周年之际，由中央十一部委联合组织开展的"100位为新中国成立作出突出贡献的英雄模范人物和100位新中国成立以来感动中国人物"的评选活动中，群众参与投票总数近一亿。这其中的每一张选票，都表达了人们对英雄模范的崇敬之情，寄托着对伟大祖国的美好祝福。

　　一个民族不能没有英雄，否则这个民族就不会强大。当国家危难之时，懦弱者选择了逃避、妥协甚至投降，英雄们却挺身而出，用热血捍卫民族的尊严，人民的幸福。在创立和建设新中国的伟大历程中，涌现出无数可歌可泣的英雄模范人物。他们之中，有为了民族独立和人民解放而英勇牺牲的革命先烈，有为了党和人民的事业而不懈奋斗的优秀共产党员，有在全民族抗战中顽强奋战、为国捐躯的爱国将士，有英勇杀敌的战斗英雄和革命群众，有积极从事进步活动的著名民主爱国人士和国际友人……他们是民族的脊梁、祖国的骄傲，是激励全体人民团结奋斗的精神力量。

　　《100位为新中国成立作出突出贡献的英雄模范人物传记》丛书，就像一部星光璀璨的英雄谱，真实、完整地记录了英雄模范人物不平凡的一生，再现了他们非凡的人格魅力和精神世界。"头颅可断腹可剖"的铁血将军杨靖宇，"毫不利己，专门利人"的白求恩，"抗战军人之魂"张自忠，"砍头不要紧"的夏明翰，"俯首甘为孺子牛"的文化斗士鲁迅……一串串闪光的名字，一个个动人的故事，犹如群星闪烁，光耀中华。

　　如今，战火已熄，硝烟已散，英雄已逝，我们沐浴在和平的幸福之中。在和平年代，人们不会忘记为今日的和平浴血奋战的英雄们，英雄的故事永远不会结束。让我们用英雄的故事唤醒我们心中的激情，为中华民族的伟大复兴而奋斗。

生平简介

　　杨开慧(1901–1930),女,汉族,湖南省长沙市人,中共党员。

　　杨开慧1920年下半年加入中国社会主义青年团。是年冬与毛泽东结婚。1922年加入中国共产党后,一直追随毛泽东从事革命活动,在极为艰苦、险恶的条件下从事党的机要和交通联络工作,开展农民运动、工人运动、妇女运动和学生运动。大革命失败后,在极其严酷的白色恐怖中,按照党的安排,她带着三个幼小的孩子回到长沙板仓开展地下斗争。在与上级组织失去联系的情况下,参与组织和领导了长沙、平江、湘阴边界的地下武装斗争,努力发展党的组织,坚持斗争整整三年。1930年10月,杨开慧被捕。面对穷凶极恶的国民党长沙警备司令部"铲共队"的种种威逼利诱,严刑拷打,她坚贞不屈,大义凛然:"你们要打就打,要杀就杀,要想从我的口里得到你们满意的东西,妄想!""砍头只像风吹过!死,只能吓倒胆小鬼,吓不住共产党人!"敌人逼问她毛泽东的去向,宣称只要她讲出毛泽东在哪里,登报声明与毛泽东脱离夫妻关系,就可以放她出去,如果不讲就只有死路一条。杨开慧斩钉截铁地回答:"要我与毛泽东脱离关系,除非海枯石烂!"1930年11月14日,杨开慧英勇就义于长沙浏阳门外识字岭,年仅29岁。

1901-1930
[YANGKAIHUI]

◄ 杨开慧

目 录 MULU

巾帼英雄杨开慧（代序）

"我失骄杨君失柳，杨柳轻飏直上重霄九。"这首毛泽东的诗词，在中国早已家喻户晓。词中所怀念的"骄杨"就是他的夫人和最亲密的战友杨开慧。杨开慧是怎样的巾帼英雄呢？

杨开慧从外表看是位很文静、贤惠的女子，其内心世界非常丰富，意志也异常坚强。

出身书香门第的杨开慧，从小受父亲（湖南教育界名流）杨昌济先生的熏陶，有着中国女子传统的道德规范，崇尚气节，恪守信仰，乐于奉献。同时杨开慧也是经受五四新文化运动洗礼的新女性，深受科学与民主思想的影响。她与毛泽东的结合，是自由选择和自由恋爱的结果，取消坐轿、婚礼，以示"不作俗人之举"。他们爱得匆匆，走也匆匆，在枪林弹雨中经历着悲欢离合、生死考验，因而他们的故事充满了传奇色彩。杨开慧一生作出了不平凡的业绩。1921年加入中国共产党，成为我党历史上第二位女党员，她一直追随毛泽东同志从事革命活动。在极为艰苦、险恶的条件下从事党的机要和交通联络工作，组织开展农民运动、工人运动、妇女运动和学生运动。大革命失败后，带着孩子回到湖南家乡板仓，开展地下革命斗争。1930年10月，被国民党反动派逮捕，同年11月，英勇就义，年仅29岁。

　　杨开慧将自己与丈夫的事业融为一体。面对死亡，她初衷不改，毅然说出"我死不足惜，愿润之的事业早日成功！"的豪言壮语。敌人用尽各种手段一次次诱逼她与毛泽东脱离夫妻关系，一次次地被她严词拒绝。最后从容走向刑场，英勇就义。表现了一个共产党员的坚强意志和为革命的献身精神，对党，对人民及毛泽东同志忠贞不渝，视死如归。牺牲小我，成就大我，这是英雄的本色。

　　我们今天的幸福生活是英雄用生命换来的，我们无权忘记为和平而牺牲的英雄们。

　　今天，我们的周围没有了战火与硝烟，却充满着金钱与物质的各种诱惑，如何面对这一切，也许，我们可以从英雄的身上获得更多有益的启示。

板仓杨家

(1901—1917)

→ 自幼好学多思

　　杨开慧，湖南长沙县人。1901 年出生于长沙县清泰都下板仓屋。其父杨昌济是闻名三湘的学者、教授。杨昌济，1871 年 4 月 21 日生于湖南长沙县隐储山下的板仓冲。因世居板仓，所以杨昌济后来被人称之为"板仓先生"、"板仓杨"。板仓杨家，也算书香门第。杨昌济的高、曾祖父都是"太学生"，祖父杨万英是"邑庠生"。杨昌济的父亲杨书祥捐过一个"例贡生"，但没有做过什么官，一直在家乡附近以授徒为生。杨昌济在家排行老三。杨昌济的母亲向氏是平江县石洞人。向家是诗书世家，与杨家世代联姻，对杨家子弟影响很深。杨昌

△ 板仓杨家

济 7 岁开始学习，父亲杨书祥是他的启蒙老师。不幸的是，他 8 岁丧父、14 岁丧母。这给他的童年蒙上了阴影。幼年曾受父亲影响，发愤自学，专心读书，持之以恒。1888 年，杨昌济 17 岁时与向振熙结婚。次年参加长沙县学试，一举考上"邑庠生"。1890 年、1893 年两次应试"举人"未中。为生计他开始在乡间教书，积累了一些教学经验。1898 年，杨昌济进入长沙岳麓书院学习后，积极参加谭嗣同、唐才常等在湖南组织的维新改良活动，加入了他们组织的"南学会"，成为"通讯会友"，并借此机会向谭嗣同等请教、交流。戊戌变法失败后，杨昌济看破了科举功名的虚伪和无用，从此绝意仕途。他避居家乡，研究经世之学。无论是研究学问还是做人，他都具有坚忍精神。杨昌济说："吾无过人者，惟于坚忍二字颇为着力，常欲以久制胜。"他的这种精神，学子们称为"达化斋法门"并竞相仿效。在这期间，他的家庭生活也发生了变化，1898年儿子杨开智出生。过了三年，在1901年11月6日拂晓，南方初冬的早晨，万朵红霞，簇拥在飘峰山顶，如山花，如火焰，把板仓冲映得通红。此时，从杨家下屋右侧的厢房里，传出新生儿来到这个世间的第一声啼哭。此时女儿出生，家里又添了人丁，杨昌济十分高兴。婴儿出生的时候红霞万朵，杨昌济给女儿取名开慧，号霞，字云锦，后来大家叫她霞姑。杨昌济希望女儿在这苦难的岁月里犹如灿烂的云霞，美丽而火红。家里添丁，杨昌济的负担也增加了。他用自己的薪水维持着一家人的生活，还要帮助哥哥解决生活困难。因为他的哥哥杨昌运虽有"秀才"底子，但染上了鸦片，长期躺在家里。

正当杨昌济隐居乡间，感到彷徨苦闷、前途渺茫的时候，他的好朋友、著名革命党人杨毓麟从日本写来了一封信，要他东渡日本，去学习西方先进的科学技术。在时代思潮的感召和亲友的鼓励支持下，杨昌济也要背井离乡，东渡日本留学。光绪二十九年（1903年农历二月初），他毅然告别了故土，离开了亲爱的妻子儿女，从长沙乘船漂洋过海，奔赴日本。临行前他改名"怀中"，表示自己虽身在异国他乡，却心怀中华。

杨昌济1903年东渡日本后，进入东京弘文学院，与鲁迅先生同校学习。进入东京弘文学院学习，开始上的是速成师范科，不久便转入普通科。在弘文学院，杨昌济学习十分刻苦，成绩特别优秀，因而深得院长的赏识。1906年，他顺利毕业，升入东京高等师范学校学习教育学。后来，清政府派往欧洲的留学生总督蒯光典，在杨毓麟、章士钊等好友的极力推荐下，派杨昌济去英国继续深造。1909年春，杨昌济进入苏格兰的勒伯丁大学哲学系，学习哲学、伦理学和心理学。

当杨昌济远渡重洋去日本留学时，女儿杨开慧还不满3岁。杨开慧跟着母亲向振熙在乡下生活，随着岁月的流逝慢慢长大。板仓离长沙城一百多里，虽见不到列强的洋枪洋炮，却能到处看见百姓生活的艰难。杨开慧经常到邻居缪四叔家玩儿，学会了一些简单的劳动。她看到缪四叔家人四季忙碌，有做不完的事情，

△ 杨开慧父亲杨昌济教授

但总是填不饱肚子。她在想，这是为什么呢？

　　杨开慧7岁时，杨昌济从国外来信了，要女儿上学读书。母亲把开慧送到家附近杨公庙办的长沙县第四十初级小学。山冲的女孩子从来都不让读书，这次学校破例收了杨开慧等七个女孩子，并为她们单独成立一个班。学校每天放学很早，杨开慧学着农家孩子的样子，回家后也帮助妈妈做些力所能及的事。在杨公庙小学杨开慧只读了三个学期，便转到了离家五里路的隐储学校。这所学校是由从日本留学归来的黄先生创办的，学校比较开明，图书很多。杨开慧在课余时间阅读了有关文学和社会科学方面的书籍，这些书籍扩大了她的视野。书读得越多，使她的求知欲变得越来越强烈。此时父亲杨昌济经常往家写信，不仅倾诉思乡之苦，而且在信中讲述一些国外有趣的事情，他很关心儿女的学业，鼓励儿女关心国家大事，认真读书。杨开慧的学习更加勤奋了。有一次，她生病没有去上课，心里非常着急，就给同学写了封信，信里说："校中功课堆积，偶一思及颇为之焦灼也。"老师和同学们知道这事后，都称赞她的这种学习精神。1911年10月，武昌起义不久，杨开慧又转到了衡粹女校。这学校的校长也是从日本留学回来的，课上给同学们讲日本的明治维新、广州的黄花岗七十二烈士以及同盟会和辛亥革命的事情。对这些事情，杨开慧总是聚精会神地倾听，她盼望祖国早日强盛。她的理想是做一些对救国救民有益的事情。由于衡粹女校要迁到长沙，杨开慧和大多数同学转到了县立第一女子高小，一直到小学毕业。

杨开慧自幼聪明好学，在父亲的鼓励下，上学期间博览群书，从中汲取新知识、新思想。她阅读了大量社会科学、自然科学方面的书籍，有深厚的文学功底，并写得一手好字。她非常喜欢读《木兰辞》，希望以后能像花木兰那样，为国出力。

1912年夏，杨昌济结束了在勒伯丁大学三年的学习生活，获得文学学士学位。随后，他前往德国进行了为期九个月的考察，还去瑞士游览了一番。在德国，杨昌济重点考察教育制度，但也很留意政治、法律等各项制度。考察完毕，随即启程返回阔别十年的祖国，回到了日思夜想的故乡长沙。

杨昌济回国时，辛亥革命胜利的果实已被袁世凯所篡夺，湖南的政权被立宪派政客谭延闿所窃取。杨昌济回到长沙，谭延闿见杨昌济学识渊博，又先后留学"东洋"、"西洋"，在教育界具有一定声望，为网罗人才，便想邀请他出任湖南省的教育司司长。可是，经过近十年留学生涯的杨昌济，在国外耳闻目睹了资本主义国家重视教育、重视人才培养的状况，深感中国教育的落后，人才的缺乏。因此，他无心参政，决心以教书育人为己任，为祖国和社会培养优秀人才，走教育兴国之路。于是，杨昌济拒绝了谭延闿的聘请，不与军阀为伍。他接受了湖南省立第四师范学校的聘请，选择了清贫的职业——教师。杨昌济来到学校，就听到了一些难听的话，说他有官不做却要当教书先生。为了表明自己的志向，回击一些人的风言风语，杨昌济在黑板上写了一副对联：自避桃源作太古；欲栽大木挂长天。他决心用自己的全部精力，培养一批对社会有用的人才。他对自己的儿女寄予了殷切的期望。杨昌济回国不久，全家在1913年春天搬到了长沙城。

杨昌济的家住在离四师不远的天鹅塘。为了便于寻找，杨昌济在自家的门外钉了一块自制的铜牌，写着"板仓杨"。从此长沙人称他为"板仓先生"。

经过辛亥革命洗礼的长沙，没有多大的变化。古老的长沙城内仍然是残垣断壁，人们衣衫褴褛，军警到处欺压百姓，铺面萧条冷落。杨开慧进城时的喜悦没持续多久，就被长沙大街小巷灰暗的景象笼罩上了一层阴影。她在想：长沙城怎么会是这样呢？

第四师范是一所免费的中级师范学校，这里聚集着徐特立、王季范、杨昌济等一批在湖南非常有名的进步教师。这里的学生一般家庭贫寒，学习十分刻苦。杨昌济很喜爱这些青年学生，精心培养他们。杨开慧跟随父母来到长沙不久，就高小毕业了。但不知什么原因，杨昌济没有让女儿继续求学。而是在父亲的指导下，在家自学英文，阅读许多东西方新文化的书。此时政局动荡，民不聊生，军阀混乱，洋人横行。杨开慧除了广泛阅读各种书籍之外，还更加关心时政。

有一天，杨开慧正在家学习，在板仓时的童年好友柳直荀来了。他比杨开慧长三岁，柳

△ 柳直荀

家和杨家是世交。柳直荀的父亲柳午亭，曾和杨昌济一同东渡日本留学。柳午亭在日本学习十年时间，辛亥革命的第二年回国。湖南的政权被立宪派政客谭延闿所窃取，他大为失望。当谭延闿想劝诱他当官时，他婉言谢绝了，回乡隐居，以教书为业。柳午亭在教育界有很高的声望，他与杨昌济志趣相投。由于父辈的原因，杨、柳两家小孩从小就互相来往。当杨开慧看到柳直荀来到自己家时，非常高兴，问长问短。此时柳直荀也在长沙广益中学学习，经常来杨家做客。有一次柳直荀和杨开智谈论学校的事情，十分开心。看着他们高兴的样子，杨开慧说："直荀哥，你就搬到我们家来住吧！"不久征得双方父母的同意后，柳直荀就寄居在杨昌济家，他们成了最好的朋友。

→ 与毛泽东相识、相知

★★★★★

（12—17岁）

当杨昌济举家迁到长沙时，在湘潭韶山冲，有一位字润之，名叫毛泽东的年轻人也来到湖南第四师范求学。

毛泽东出生于 1893 年 12 月 26 日，比杨开慧大八岁。他的家乡在湘潭韶山冲。毛家世代务农，他的父亲毛顺生虽读过几年私塾，但从 17 岁开始就打理家事，记记账还行，对读书、学问毫无兴趣。毛家一直家境贫困，后来毛顺生靠贩运谷子发了家。毛泽东本有兄弟五人，毛泽东在家排行老三，实为老三的毛泽东一直担当长子的角色，因为老大、老二早在襁褓中就夭折了。毛顺生靠勤俭苦干发家后，在平时的生活中既勤劳而又吝啬，并且家长作风严重。对于孩子的读书问题，他没有太多兴趣。这使少年时期的毛泽东，因为读书问题经常和父亲发生冲突。父亲希望儿子上学能记记账和引用经书打赢官司就行了，没有别的要求。这样毛泽东读了五年私塾后，就辍学在家。毛泽东白天在地里干农活，晚上除了帮助父亲记账外仍然坚持读书。16 岁的毛泽东渴望到湘乡新式的学堂东山小学读书，结果父子之间又发生了矛盾，最后在母亲、亲朋好友和邻居的劝说下，父亲答应了儿子上学的要求。

东山高等小学是戊戌以前最早创办的新式学堂之一，不仅讲授经书，而且还讲授历史、地理和自然科学。因为校长是一位有着爱国思想的知识分子，经常给学生们讲近代以来中国遭受外强侵略、欺压的历史。毛泽东听了以后，为祖国的命运而担忧。东山高等小学不仅给了毛泽东全新的知识，而且更加让他了解了外边的世界，激起了他强烈的求知欲，唤起了他远大的政治抱负。1911 年春，毛泽东跟着东山学堂赴长沙任教的贺岚岗老师来到了长沙，他顺利地考入了湘乡

△ 战友（油画）

驻省中学。但是，他在湘乡驻省中学学习了几个月，武昌起义爆发了，他毅然去当兵。10月底，他成为长沙新军二十五混成协五十标第一营一名列兵。然而，革命很快过去了，当兵又成了混日子。1912年春，毛泽东离开兵营，继续去求学。随后他以第一名的成绩又被湖南省高等中学录取。入学后，他感觉学校的课程有限，校规非常呆板。于是他决定自学。六个月后，他退学了，住在长沙城新安巷的湘乡会馆，订立了学习计划，每天到湖南省立图书馆去读书。这样的自学生活没持续多久，一方面湘乡会馆住不了，另一方面毛泽东的父亲认为他这是不务正业，拒绝提供生活费，希望他到学校读书。1913 年春，20 岁的毛泽东以第一名的成绩考入了湖南省立第四师范学校。此时杨昌济正在这里教授伦理学。杨昌济老师还兼任湖南高等师范学校、省立第一女子师范学校的伦理学、教育学的课程。毛泽东对杨先生教授的伦理学、哲学和教育学产生了浓厚的兴趣，杨昌济也十分欣赏毛泽东这个学生。而毛泽东对杨先生渊博的学识和为人非常敬佩。没过多久，师生之间开始频繁往来。毛泽东与杨昌济的交往，无形中为毛泽东与杨开慧以后的相识、相知打下了基础。

1914 年春，第四师范合并于第一师范，杨昌济也来到了第一师范教书，毛泽东也转到一师，并认识了同一年级的蔡和森、张昆弟和陈昌，他们成为了志同道合的朋友。此时的毛泽东、蔡和森、张昆弟和陈昌等人正值青春年少，胸怀大志，勤奋好学，严格要求自己，生活俭朴；他们经常在一起交流读书心得和对时局以及对社会问题的看法。他们成立了哲学小组，并请杨昌济给予指导。遇到不懂的问题，便向杨昌济请教，杨先生则耐心解答。时间长了，杨昌济和徐特立成了毛泽东和蔡和森最为敬佩的老师，而他们也成了杨昌济最得意的学生。后来，杨昌济在 1915 年给好友章士钊的信里介绍毛泽东和蔡和森时，写道："吾郑重语君，二子海内人才，前程远大，君不言救国则已，救国必先重二子。"

杨开慧在家时，常常在家里能听到父亲提起毛泽东这个名字。1914年春天的一个下午，杨开慧正在房中看书，忽听父亲在外屋连声叫好。杨开慧赶紧放下书，赶紧从内房走出来，看见父亲手里拿着一本学生的笔记本，坐在那儿，边看边赞不绝口。她走到父亲身边，惊讶地问："爸爸，这是谁写的呀？"杨先生把笔记本递给女儿说："你看看，你好好看看！"杨开慧接过笔记本，只见上面写着"讲堂录"三个大字，下面的署名是"毛泽东"。她坐在父亲的身旁，打开"讲堂录"。这是一本听课笔记和读书笔记。这个笔记所涉及的内容有国外的人和事，但大部分是中国的历史人物和历史典籍中记载的人物。杨开慧看着看着，被笔记的内容深深吸引了，有些内容虽然看不懂，但基本的意思还是明白的。看过之后杨开慧既钦佩毛泽东的学习态度，又被他深刻的思想所吸引，心里暗暗在想，希望早一天能认识毛泽东。

有一个星期天，当太阳刚刚露出头时，毛泽东、蔡和森、张昆弟和陈昌等人应杨先生之邀，一起来板仓杨家，探讨有关读书和哲学问题。众人一到，客厅顿时热闹起来了，杨开慧正在房间看书，听到说笑声，也从里屋出来，来到客厅。杨昌济见杨开慧进来，马上向他的学生们介绍："这是我的女儿开慧，正在家里自学。"然后，他又向杨开慧介绍了他的学生们。杨开慧热情地同来访的学生打招呼，毛泽东说："开慧同学，听杨先生讲，你在家发奋自学，已经读了很多书了。"杨开慧人虽小，却在父亲的学生们面前一点也不害怕，她调皮地回答说："'闭门求学，其学无用'呀！"

然而，"闭门求学，其学无用"正是毛泽东的主张，毛泽东一听，马上问道："你怎么知道这句话？""我读过你的'讲堂录'呢！"杨开慧笑着回答说。这时大家也都笑了起来。杨昌济对大家说："让开慧也参加讨论吧，长点见识！"还有两位在第一女子师范学校读书的向俊贤、陶毅也来到杨家加入到讨论中。这一群朝气蓬勃、奋发有为的青年学生，怀着改造社会的雄心壮志，探求救国救民的真理，纵情畅谈。从治学的方法，谈到做人的道理，从国家的兴旺，谈到个人的理想。从这之后杨开慧的生活开始了新的一页。只要毛泽东和他的同学们到"板昌杨"聚会，便少不了这位忠实的参加者，杨开慧聚精会神地听着他们的议论。每次结束后，她都写下心得。后来，何叔衡、杨开智（杨开慧的哥哥）、柳直荀也加入到这个聚会中。

杨昌济的思想、学识、品格，对青年毛泽东的世界观、人生观产生了极大的影响。

1915年日本帝国主义迫使袁世凯政府签订企图把中国的领土、政治、军事及财政等都置于日本的控制之下的二十一条无理条款，这些条款也称中日"二十一条"。这是中国的奇耻大辱，举国上下无比愤慨。消息传到湖南第一师范，全校师生义愤填膺，立即掀起了"反日反袁"运动，并集资编印了《明耻篇》一书，以揭露日本侵华和袁世凯的卖国罪行。根据时局的变化，在这段时间的杨家聚会，毛泽东、蔡和森、何叔衡等与杨昌济谈论的话题是青年为什么要求学，青年人的志向是什么，面对国家积弱、百姓贫困，青年应该怎么办等问题，杨开慧认真听着他们的发言。每一次的谈论，都使杨开慧懂得了一些道理，眼界更加开阔。

不久，毛泽东又做了一件让杨开慧敬佩不已的"大事情"。

1915年，湖南省议会作了个新规定：秋季开始时每个学生要缴10元杂费。这是一个不小的数目，同学们群起反对。有人反映，这个规定是校长张干为了讨好而向政府建议的。于是同学们开始酝酿赶走校长的活动。当时有人写了一篇宣言，毛泽东看后觉得文章没有写好。既要赶走校长，就要批评他办学校如何办得不好。于是他另写一篇《驱张宣言》，理直气壮地历数校长办学无方、贻误青年。第二天，校长得知大怒，为此要挂牌开除以毛泽东为首的17名闹事的学生。由于教师们团结，为学生鸣不平，张干不得不收回成命。不久，杨昌济辞去了一师的职务，去湖南高等师范学校任教。杨昌济的家迁到河西岳麓山下，但是他和毛泽东等学生的联系并没有因此中断。

一群年轻人照旧到杨家进行聚会讨论，听杨昌济讲学。杨开慧看着聚会的人越来越多，也为自己是其中的一员感到骄傲。她暗自下定决心，也要像他们一样，为救国救民作出自己的贡献。有一次，杨开慧把自己的理想讲给毛泽东听。毛泽东高兴地说："我全力支持你去实现自己的理想！"此时，随着交往的增多，毛泽东也常常和杨开慧谈自己的看法，也会把一些新的读书笔记或文章带过来，和杨开慧一起谈论。杨开慧不仅向毛泽东请教问题，也把自己的日记和读书笔记拿出来让毛泽东看，请毛泽东给予指点。他们之间的了解就这样一步一步地在加深。

1916年暑假来临时，杨家办了一件喜事——杨开智与李一纯订婚了。李一纯是杨昌济的好友和世交李傥的女儿。李一纯与杨开慧是好朋友，现在即将成为一家人杨开慧非常高兴。李一纯买了两盆菊花回赠杨开慧，还附了一首诗。杨开慧托腮凝视着菊花，片刻，挥笔给李一纯和了一首诗：

高谊薄云霞，温和德行嘉。

所贻娇丽菊，今尚独开花。

月夜幽思永，楼台入暮遮。

明年秋色好，能否至吾家？

之后，杨昌济带着全家回了东乡板仓居住一段时间。这个暑假，毛泽东决定回家看望久病的母亲。此时湖南军阀纷争，各路都督频繁更替，湘军与桂系军阀混战，沿途一片战乱的景象，使毛泽东感慨不已。回到家乡韶山冲，见到了久卧病床的母亲，毛泽东的心里得到了极大的安慰。然而毛泽东心里仍然想着时局，尤其是湖南的形势，不久又回到了长沙。杨开慧也随着父母来到了板仓乡下度假。有一天，毛泽东一把雨伞、一双草鞋，风尘仆仆地来到了板仓杨家下屋。这是毛泽东第一次来板仓。杨开慧看见毛泽东到来，非常高兴。杨昌济向毛泽东询问了家里的一些情况。在板仓，毛泽东不仅见到了杨开慧，而且还浏览了杨昌济的藏书，特别是杨先生所订阅的各种新书报刊。而后毛泽东和杨先生又讨论了一些学术问题和社会问题。毛泽东在杨开慧兄妹的陪同下又前往高桥拜访柳午亭先生，请教有关体育方面的问题。毛泽东在板仓住了一个星期，然后回到了长沙。又过了十多天，杨先生的全家也返回了长沙。此次板仓之行，使毛泽东对板仓杨家有了一个较为充分的了解。

此后杨开慧仍然在家继续自学。读了毛泽东借给她的《伦理学原理》，体会着毛泽东在书上的批注。这些批语，有的是提要，有的是表示赞成或否定。杨开慧在想，难怪爸爸总夸奖他，真是不动笔墨不看书。有一天毛泽东兴奋地向他们报告了十月革命成功的消息，杨开慧兴奋不已。

就这样，在一师学习期间，毛泽东与板仓杨家交往了五年。直到 1918 年初夏，毛泽东毕业，杨先生离开长沙去北京大学任教。在这五年中，毛泽东与杨开慧从相识到彼此了解，为日后走到一起打下了基础。

举家迁往北京

（1918—1920）

→ 确立恋爱关系

★★★★☆

（17-18岁）

　　杨昌济在全国教育界很有影响，尤其是在伦理学研究上有很高知名度。1918年6月，应北京大学校长蔡元培的邀请，出任北京大学伦理学教授，17岁的杨开慧随全家迁往北京，住在鼓楼附近的豆腐池胡同9号。这是一座典雅的四合院。杨先生家的门上仍然挂着一块铜牌"板仓杨"。在北京，杨开慧没有改变在长沙时的习惯。生活俭朴却非常关心时局的发展。她认真阅读《新青年》、《每周评论》等倡导新文化运动的革命刊物，她如饥似渴地学习各种新知识，吸收各种新思想。现在家里缺少了过去那种生气勃勃的讨论会，缺少了谈得来的朋友，也没有像毛泽东这样的兄长做老师。每当遇到一些问题时，便想起毛泽东曾经为她解析疑难问题的情景。

五四前夕的北大，人才济济，思潮涌动，是全国的思想文化中心。一场震惊中外的新文化运动正在兴起。杨昌济经常给得意弟子们写信，介绍北京的新思想、新文化，还让他们来北京学习。

6月下旬，毛泽东接到杨昌济的来信。信中告诉他一个重要的消息：法国政府来中国招募工人，曾在法国留学的吴玉章、蔡元培、李石曾等人成立了法华教育会，正在组织学生到法国勤工俭学。要他抓住时机，出国学习。当时毛泽东正面临毕业后的出路问题。此时杨先生的来信所提供的信息，正合毛泽东等人的心理，就这样毛泽东等人决定去北京。1918年8月15日，毛泽东和张昆弟、李维汉、罗章龙、萧子昇等25人一起坐火车，从长沙起程去北京。25岁的毛泽东第一次离开家乡湖南，踏上了北上的征途。如果不是有赴法勤工俭学之事，毛泽东不会有进京的机会，这得感谢恩师杨昌济。火车行至河南境内，正遇河水上涨，铁路被冲断，火车无法通行。这样一耽搁，毛泽东一行人在8月19日才到达北京。

这是毛泽东第一次来北京。先暂住恩师杨昌济家，和看门的老人住在一间小屋里。毛泽东住在杨家，他与杨开慧的

△ 吉安所东夹道

交流日益增多，杨昌济也发现了女儿与自己的得意弟子之间的感情，杨先生非常疼爱自己的女儿，也喜欢这位激进、聪明而又有远大抱负的学生。对此，杨先生采取了默许的态度。这期间，杨昌济、毛泽东和杨开慧常常在客厅里一起交谈。住在杨家的日子里，毛泽东和杨开慧确立了恋爱关系。两个人经常在故宫、在西山、在北海桥头漫步，热烈地讨论着他们共同感兴趣的问题，共同编织未来的理想之梦，体验着初恋的甜蜜。后来为了不过多地麻烦杨先生，也便于学习和工作，毛泽东和蔡和森、萧子昇等八人搬到地安门内三眼井吉安东夹道 7 号居住。这是一个破旧的小院，八个人挤在一间很小的房子里，睡在大炕上，同盖着一条大棉被。毛泽东在北京生活虽很清苦，但精神状态非常好。

一天早饭过后，杨开慧来到了毛泽东他们的住所，她看到毛泽东、蔡和森和萧子昇等八人住在一间小房子，挤在一个炕上，便说："八人挤在一起，多热闹呀！"毛泽东笑着说："这叫做'隆然高炕，大被同眠'，连翻身都要事先打招呼！"蔡和森说："霞仔是来看润之的吧？"杨开慧说："我是来看看你们的，什么困难，尽管说，别客气。"蔡和森笑着说："我们的困难，润之全知道，让他告诉你。"毛泽东会心地笑了。他带着开慧，走出了小屋，漫步在林荫道上。

此时湖南先后有四五十人到京准备赴法勤工俭学，在全国引起了很大反响。一时还不能赴法，他们就为赴法做准备。此时的毛泽东留在北京，为解决生计，他很想找一份工作。经杨昌济介绍，到李大钊负责的北大学校图书馆当了一名助理员。毛泽东每月薪金只有 8 元，但因为在这里可以阅读各种新出书刊，毛泽东对这个工作相当满意。

当时，北京是新文化运动的中心，而北大更是这个中心的中心，是新旧思想、新旧文化激烈交锋的战场。在这里毛泽东不仅读到了许多过去从未读过的书刊，而且参加了北大新成立的新闻学研究会、哲学研究会。见到了新文化运动的著名人物，如陈独秀、李大钊、胡适等，并有机会向他们请教问题。由于在李大钊手下工作，他的言论和行为给毛泽东最直接、最深刻的影响。毛泽东一边在北大图书馆工作，一边主持湖南青年留法勤工俭学的事情，并筹措旅费。不久，第一批成员即将启程赴法。

然而，正在这时，杨昌济却病倒了。最后不得不搬到了西山卧佛寺静养，家也搬到那里，杨开慧和母亲一起照顾有病的父亲。杨昌济生病后，毛泽东等人常来探望。毛泽东最后没有去法国勤工俭学。他认为，需要到国外学习新知识，研究外国有用的东西，回来改造社会和中国；但是还要有人留在本国，研究本国的问题。毛泽东便留下来研究中国国情。

1919年3月12日，毛泽东告别杨家，离开北京前往上海，拜访了被北洋政府逼到上海的《新青年》主编陈独秀。回到长沙后，他经新民学会会员周世钊的推荐被聘为修业小学历史教员。毛泽东和杨开慧分别时，两人约好互通信件。在书信往来中，毛泽东称呼杨开慧就是一个字："霞"，杨开慧称呼毛泽东也是一个字："润"。

→ 在五四的激流中

★★★★★

（18 岁）

1919 年 5 月 4 日，北京爆发了反帝爱国的五四运动。此时，杨昌济先生病得很严重，杨开慧整日守候在父亲的病床前。当她听到北大学生火烧赵家楼的消息时，不禁拍手叫好！当她得知北大学生大批被捕，她义愤填膺。此时在病床上的杨昌济也为学生的爱国行动而震撼。湖南学生响应北京的爱国运动，成立了新的湖南学生联合会，组织学生罢课、游行示威、抵制日货的反日爱国运动。毛泽东积极参加了湖南学生的爱国运动，主编了《湘江评论》，并将出版的《湘江评论》寄给了北京的杨开慧。杨开慧虽然没有参加五四运动，但学

△ 《湘江评论》

生的五四爱国运动点燃了杨开慧的心，她那满腔的爱国热忱，完全同爱国学生融合在一起。两人的书信往来，北京的情况、长沙的情况，两人都相互了解。而杨开慧的心，也早就随着毛泽东湖南传来的各种消息，飞向了湘江两岸。

1919年秋冬之际，留法勤工俭学运动进入高潮。此时杨昌济的病情越来越严重。杨昌济有病的消息传到长沙板仓，杨开慧的几个舅舅等亲戚前来北京探望病中的杨昌济。有一天，杨开慧坐在屋里，正在认真琢磨《湘江评论》的一篇文章。突然，听见几个亲友在父亲的病房内同母亲在谈论湖南老家的人和事，于是，杨开慧也走了出来。她大舅和六舅都在谈论着一个共同的问题：为什么富的富，穷的穷呢？几个亲友都回答说：有些人穷，主要是懒，有些人富，主要是会操持家。杨开慧对着大家说："我看是一些人穷了，另一些人才变富了。没有穷人的穷，哪有富人的富？说人变穷是懒惰，天下这么多穷人，难道都是懒人？说变富了是会操持家，似乎还有几分道理。别人的东西都被他盘算到自己家去，他还不富了！"他大舅接着说："这个现实谁又改变得了？"杨开慧说："社会现实总有一天会改变的。革命潮流，势不可当。要是知道革命的道理，懂得社会发展的方向，而且为之奋斗，那就有可能改变这个现实。俄国的无产阶级，不是推翻了有产阶级吗？"大舅却说："霞仔，就算你讲得有道理，却有点像'过激派'的言论。"当时，军阀政府和反动报纸，对十月革命横加攻击诬蔑，马克思主义被称为"过激主义"，布尔什维克被称为"过激党"、"过激派"。这些反动宣传在社会上造成一种恐怖心理，好像"过激派"就是洪水猛兽。杨开慧向大家解释说："什么'过激派'，只不过是一批舍命救国的有志之士。"一席话，使亲友们觉得开慧长大了,懂得的道理也多了。在亲友们离开北京回湖南时,杨开慧悄悄地委托六舅给长沙的毛泽东捎去了一封信。

杨开慧和毛泽东的最初交往,杨昌济及夫人开始有所顾虑,毕竟毛泽东比开慧大七八岁,杨昌济专门单独与女儿谈过一次话。事后杨开慧向母亲表白:"我是为母而生之外,是为他而生的。"家人了解了杨开慧的心思,赞同她与毛泽东继续交往。毛、陶分手之后,毛泽东和杨开慧二人和好如初,感情越来越深了。杨昌济最终也打消了顾虑,这门亲事定下来了。

1919年12月10日,北京正是天寒地冻时节。这一天杨开慧接到毛泽东的来信,得知他要来北京,杨开慧非常高兴。毛泽东此次之行是反对湖南督军张敬尧,来北京请愿驱张。张敬尧是北洋军阀亲日派皖系段祺瑞的忠实走狗,被段祺瑞任命为湖南督军兼省长。他伙同他的三个兄弟,在湖南恣意施行暴政,烧杀抢掠,为非作歹,无恶不作。湖南人民极为痛恨,当时流传这样一首民谣:堂堂乎张,尧舜禹汤,一二三四,虎豹豺狼,张毒不除,湖南无望。他们公开揭露张敬尧罪行,争取全国舆论对"驱张"的支持和同情,造成举国一致的浩大声势。毛泽东赴京代表团于12月18日到达北京。

当毛泽东第二次到北京时,杨昌济由于病情加重,已经由西山转到了北京德国医院。当得知这个消息后，毛泽东赶紧去医院探望。见自己的老师比以前消瘦了许多，但精神状态还好。杨昌济见到自己的得意门生，脸上露出了笑容。毛泽东询问了先生的病情。当看见杨开慧红红的双眼，知道先生的病情已到了非常严重的程度。此时，杨先生仍然没有忘记问湖南的情况，毛泽东向杨昌济一一叙述五四运动之后湖南所发生的事情。之后杨开慧向毛泽东关切地问道："听说伯母病逝，家里一切还好吧？"毛泽东说："母亲是10月5日去世的，我回家办完丧事，就又急忙赶回长沙。现在斗争开展得火热，顾不上家里的事情了。"杨开慧接着又说："现在情况复杂，你也要注意保重自己呀。"在北京期间，毛泽东和代表们冒着北方的严寒，不顾满街冰雪，每天各处奔走联络，向湖南在京学生、议员、名流、绅士宣传"驱张"意义，发动他们参加"驱张"的斗争。此时北京"驱张"斗争进入高潮。

⟶ "板仓先生"去世

★★★★★

（19岁）

时间进入到了1920年。新的一年来到了，然而杨先生的病情越来越重，杨开慧元旦都没有和毛泽东在一起。新年后的一天，李大钊来病房探望杨昌济。二人的谈话中，杨先生向李大钊提起毛泽东，说："毛泽东领导湖南'驱张'运动很有魄力。"李大钊也夸奖毛泽东，说他有进取心，志向远大。不久，杨先生已进入病危状态。杨昌济的病情牵动着毛泽东，他经常匆匆来病房看望，又因工作繁忙而匆匆离开医院。

一天晚上，毛泽东又来探望老师。病房里，杨开慧的母亲、哥哥杨开智及杨开慧都在暗暗抽泣。杨先生见毛泽东来了，

示意他坐下，然后，很费力地掏出一块怀表，递给毛泽东："润之，这块表跟我多年，送给你作个纪念吧。"毛泽东双手接过，热泪盈眶。这时杨先生又继续说："开慧年轻幼稚，你要多照顾她……"毛泽东坚定地回答："先生，您放心! 我会对她好的。"

1920 年 1 月 17 日，杨昌济先生在北京与世长辞，享年 49 岁。对于所敬仰的老师的去世，毛泽东很是悲痛。杨昌济先生病逝之时，毛泽东尽力帮助料理恩师的后事。1920 年 1 月 22 日，他同蔡元培、章士钊、杨度等联名在《北京大学日刊》发出启事，公布杨昌济病逝的消息，介绍他的生平。然而，祸不单行，就在哀悼恩师杨昌济先生时，毛泽东家里传来噩耗，年仅51岁的父亲毛顺生病故。因"驱张"之事和杨昌济的病逝，毛泽东无法回韶山奔丧，只好忍着丧父之痛，去电长沙，让大弟毛泽民主持家父的丧事。1月25日上午8时，杨昌济先生的追悼会在宣武门外法源寺举行。

杨昌济一生埋头教育事业，家境十分清寒。为了解决杨昌济身后家属生活问题，1月24日，蔡元培、马寅初、胡适等在《北京大学日刊》发表《启事》，号召北大教职员工及学生为杨昌济筹集丧葬费用。2月4日，北京大学评议会决定，赠送杨昌济两月俸金，以抚恤其遗属。

2月中旬，杨昌济先生的灵柩在其夫人向振熙、儿子杨开智、女儿杨开慧等人的护送下，离开了北京，返回湖南长沙板仓。先生魂归故里，其家人也从此离开了豆腐池胡同9号。由于继续开展"驱张"运动，毛泽东只好护送灵柩到武昌，然后折往上海。

1984年，豆腐池胡同9号（现改为豆腐池胡同15号）被公布为东城区文物保护单位。

离京返湘

(1920—1924)

→ 学潮先锋

★ ★ ★ ★ ★

（19 岁）

杨开慧和哥哥杨开智安葬了父亲后，在板仓住了半年多，返回长沙，住在六舅妈严嘉家里。离开长沙两年了，长沙变化很大。杨氏兄妹受到形势的影响，想进一步求学，投入到学生运动中去。但杨开慧留着一头短发，被看成"过激派"，一些学校都不愿意接收。这时，在和父亲一起留学日本的好友李肖聃的帮助下，经过一番周折，杨开慧进入福湘女中。李肖聃先生在福湘女中任教，是长沙市有名的国文教员，在社会上很有声望。

福湘女中坐落在长沙兴汉门外的长春巷，1913 年由美国基督教长老会拿亚女士

创办,是一所教会学校。杨开慧被编入选修班,
选学英文、数学,与李肖聃的女儿李淑一住在
同一个寝室,二人形影不离。杨开慧思想进步,
大公无私,待人诚恳,生活简朴。从此,杨开
慧与李淑一结下深厚的友谊。新中国成立后应
李淑一邀请,毛泽东曾赠诗一首《蝶恋花·答
李淑一》赞扬两人的友谊。李淑一和柳直荀当

年结为夫妻，是杨开慧当的"红娘"。柳直荀在建党前又同毛泽东一道从事农民运动，关系十分密切。因此，毛泽东收到李淑一的信，立即感慨系之，缅怀烈士之情难以抑制。毛泽东在1957年5月11日的回信中还说："暑假和寒假你如有可能，请到板仓代我看一看开慧的墓，此外，你如去看直荀墓的时候，请代我代致悼意。"这是后话。

福湘女中的清规戒律比较多。如若违纪，轻则处分，重则开除。吃早饭前，洋教员领大家唱早祷："诚心诚意，感谢上帝，赐我饮食，养我身体。"早饭过后，常常是同学们纷纷走进礼堂，站好队。这时又一个洋教员走上台，弹起钢琴，领着大家唱赞美诗。什么主呀，神呀的，杨开慧一听就不喜欢，她木然地站在那儿。接下去是念《圣经》，做祷告。这叫"小礼拜"。每逢星期天，全校同学要整队出发，到北门正街天主教堂去做"大礼拜"。除唱赞美诗、念《圣经》、做祷告外，还得听牧师讲《圣经》。杨开慧对这里的一切都看不惯，有强烈的抵触情绪。校长林支尼是美国人，她多次叫杨开慧留长发，她认为："头发剪得那样短，男不男，女不女的，不是'过激派'是什么？"像杨开慧这样梳短发的，在长沙还很少，福湘女中更是一个也没有。校长越是叫她留长发，杨开慧反而把头发剪得更短，有的同学也跟着剪了短发。并且杨开慧不上《圣经》课，不做礼拜，每逢做"大礼拜"的日子，便请假装病，躺在寝室里看进步书刊。被一个同学发现后，那个同学也跟着看起了进步书刊。从此以后，杨开慧带来《新青年》《湘江评论》《新湖南》等进步书刊以及《世界观》《Out-Look》等英文杂志，在同学们中间借阅。此时的杨开慧已经过五四运动的洗礼，具有一定的反帝反封建思想的斗争精神，她对学校实施的帝国主义奴化教育和封建孔孟之道的办学思想深恶痛绝，对各种反动措施极为愤慨。

杨开慧来到福湘女中后，给青年学生带来了新思想、新文化。她在福湘女中校刊上发表文章，用生动、通俗、泼辣的白话文，揭露不合理的社会现象，抨击封建军阀的反动统治，宣传救国救民的革命道理。她还积极参加学生组织的"驱张"运动，并同阻止学生运动的校方进行面对面的斗争。在张敬尧被驱逐长沙后，湖南政局发生重大变化。此时毛泽东还在上海，并在上海的报刊上发表多篇文章，阐明他对湖南政局建设的主张，倡导湖南自决自治，并且同上海共产党早期组织的陈独秀进行一次谈话。两人谈到了马克思主义的问题，共同探讨了许多湖南和中国的问题。这次谈话，陈独秀对毛泽东影响很大。

→ 创办文化书社

★★★★★

（19 岁）

1920 年 7 月初，毛泽东离沪返湘从事革命活动，在传播马克思主义和新文化运动方面做了许多工作，其中影响最大并且与建党有密切关系的是创办了长沙文化书社。

长沙文化书社是中国早期传播马克思主义的书刊发行机构。它对广泛传播马克思主义和推动新文化运动的发展以及对中国共产党建党的思想准备方面，都起了一定的积极作用。毛泽东从上海回到长沙，与久别的杨开慧重逢了。这次见面后不久，毛泽东被一师的校长任命为第一师范附小主事，这样毛泽东有了稳定的收入。此时的湖南，还没有受到系统的新文化思想的影响，封建思想仍然根深蒂固。面对现实，毛泽东把传播新思想、新文化、宣传马克思主义，看做当务之急。毛泽东根据湖南文化界的现状，决定创办一个以推销新书报、介绍新思想为主要任务的新式书社。毛泽东联络何叔衡、彭璜、易礼容等新民学会会员和教育界人士方维夏、湘雅医学校职员赵运文等人为共同的发起人，7月31日，在湖南《大公报》发表了他撰写的《发起文化书社》一文。8月2日，文化书社发起人在楚怡小学何叔衡住处召开会议，通过了毛泽东起草的《文化书社组织大纲》。大纲还规定了书社的组织机构和经营方法。会议决定易礼容、彭璜和毛泽东为筹备员，负责起草书社议事会细则及营业细则，筹备书社成立。杨开慧看见《发起文化书社》这篇文章，十分兴奋地说："太好了，我们也快有自己的书社了！"毛泽东解释道，书社是宣传新文化、新思想的阵地，通过书社引起中国人民对俄国革命胜利的向往，要了解俄国，了解马克思主义，要使马克思主义在中国生根。杨开慧又问道："书社什么时候能开业？"毛泽东说："离开张还有一段时间。现在创办书社的经费还不足。"当时，毛泽东和他的同志都很穷，拿不出多少钱。为了解决经费问题，毛泽东已经找了文化界、新闻界和工商界的一些知名人士，筹集了400多元。毛泽东在创办文化书社遇到经费不足的问题，杨开慧记在心上。杨开慧一边往家走，一边在心里琢磨如何帮助毛泽东摆脱困难。然而，自己在读书，哥哥杨开智也在读书，母亲也没有工作，家里没有收入来源。全家的生活重担全压在母亲身上，要是爸爸在世，这事就好办了。杨开慧突然想起父亲病逝时，北京的朋友们曾经赠过一笔"奠仪"费，这笔钱为安葬父亲用去了一部分，剩余的母亲则把它作了家庭生活费用。老人家省吃俭用，

△ 毛泽东携妻带子回旧居(铜像)

不肯轻易动用。现在用它支持毛泽东办书社不是很好吗？杨开慧开始对母亲耐心劝说。母亲终于被女儿公而忘私的精神所感动，拿出余下的几百元"奠仪"费给了女儿，由她交给毛泽东办书社。毛泽东接过这笔钱，非常感动。在革命工作最困难的时候，得到她们母女俩的帮助是非常珍贵的。这时毛泽东的好友陶毅也掏出了一笔钱赞助他，文化书社终于可以办起来了。9月9日，在长沙潮宗56号（湘雅医学校房屋）文化书社正式开业。总经理是易礼容，新民学会会员陈子博等三人为营业员。书架上摆着《马克思〈资本论〉入门》、《社会主义史》、《新俄国之研究》等介绍马克思主义的著作，阅览台上摆着《新青年》、《劳动界》、《时事新报》等几十种进步报刊。这是长沙最先公开发行马克思主义书刊的场所，来这里的人特别多。杨开慧既是热心的读者，又经常来义务帮忙，毛泽东担任书社的"特别交涉员"。文化书社创办以后，自然成了传播马克思主义的重要阵地。广大青年、学生、工人、各界进步人士都与书社有联系。不久，在其他县也成立了分社，在长沙城内的一些学校也设了贩卖部。并且，他还和上海、北京、广州、武汉等全国各革命团体及出版机构建立了密切的联系。而后，文化书社成了毛泽东开展建党、建团工作的重要联络地点，也是杨开慧学习马列著作的学堂。毛泽东与外地革命同志往来的信件，都由文化书社收转，杨开慧成了接送信件的交通员。共同的志向，共同的爱好，频繁的接触，使毛泽东与杨开慧的关系更加密切。文化书社成立后，杨开慧遵从毛泽东的安排，担任了省学联的宣传工作。她一边学习，一边工作。

→ 加入社会主义青年团

★★★★★

（19岁）

由于在省学联做宣传工作，杨开慧奔波于各个学校之间，忙于组织学校讲演队进行反帝、反封建和反军阀统治的宣传。她联系的女同学越来越多了。

有一天，杨开慧有事来到周南女校，听到一片哭声，一问才知道原来是一位女学生跳塘自杀了。这位女学生叫袁舜英，只有16岁。她家在农村，出身贫寒，从小

△ 周南女子中学

做了童养媳。她的丈夫姓李，是周南女中的英文教员，是一个满脑子封建思想的家伙。袁舜英来到周南女校读书，学习刻苦，不讲究打扮，为人忠厚，勤劳朴实，乐于帮助人，同学们都非常喜欢她，但是她的丈夫总是为一点点小事骂她，甚至毒打她。

袁舜英因不堪忍受丈夫的虐待，投塘自尽，留下一封极为悲痛的绝命书。同学们念着，听着，不禁都哭了起来。同学们个个义愤填膺，但又想不出伸张正义的好办法。杨开慧看着袁舜英的绝命书，强忍住眼泪，不禁想起去年长沙发生的一件事。

去年 11 月长沙南阳街的赵五贞，因反抗父母包办婚姻，在出嫁的时候，用剪刀自杀在花轿中。毛泽东知道这件事后，连续在报纸上发表了九篇文章，这些文章集中攻击了吃人的旧礼教，攻击了封建的社会制度。而今天袁舜英的死和赵五贞的死，实质不是一样吗？这不是袁舜英一个人的事，这是我们妇女在受压迫。即使袁舜英不死，也会出现钱女士、孙女士、李女士的死。如何解决这类事件，使悲剧不再发生？杨开慧对同学们说："毛泽东先生最支持妇女解放，我们何不去找他？"她带着大家去找毛泽东。在毛泽东的指导下，杨开慧带领大家马上行动起来，到大街上宣传，在报纸上发表文章。揭露事件真相。这一事件很快传遍了长沙的大街小巷，激起了社会各界的公愤。学校当局仓皇失措，赶紧开追悼会，隆重安葬袁舜英，并且处分了教员李某。

这次行动后，杨开慧的名字在同学中广泛传开。1920年 10 月，毛泽东在湖南组建了社会主义青年团。以后，他又亲自担任社会主义青年团长沙地方执行委员会书记，在工人和进步学生中发展组织，壮大队伍。1920 年冬天，杨开慧光荣地加入了社会主义青年团。

在毛泽东的指导下，省学联又成了学生运动的指挥部。杨开慧在省学联做宣传工作，越来越忙。很多学生参加运动被开除，跑到省学联来求援。杨开慧热情地接待他们，一方面为他们安排生活，一方面给他们讲当前形势，讲斗争的方法。

有一次，衡阳来了一批学生，住在船山学社。杨开慧忙完工作后，前往他们的住处。她看到学生们睡的地铺仅仅垫着一层草席，会受潮得病的，马上找几位同学去弄稻草。她发现有一位年纪小的女同学，就拉着她的手，亲切地问：

"你贵姓啊？"

"我姓朱，叫朱舜华。"

"你在哪里读书？"

"衡阳三师。"

"呵，你们那里的学生运动搞得蛮带劲儿嘛！"

"学校把我开除了。"

了解了一些情况后，杨开慧觉得这位姑娘很泼辣，又很倔强。便托人介绍她到崇实女子职业学校去代课。朱舜华非常感激。拉着杨开慧的手说："开慧姐，你这样关心我，真比我的亲人还亲呢！"不久，衡阳的同学要回去搞复学斗争。杨开慧提醒她："对军阀不应抱有任何幻想，不能祈求复学，要坚持斗争。"但杨开慧还是不放心，又嘱咐朱舜华说："回去以后，要向同学们宣传，学校当局是受军阀指使迫害青年，只要唤醒全校同学，大家起来同军阀斗争，力量就大了，学校当局就不能随便开除你们了。"果然，回去后校方在军阀的支持下，不让他们复学。朱舜华及同学们按照杨开慧的嘱咐，在省学联和群众团体的声援下，积极开展活动，坚持斗争，最后终于取得了胜利。学校复学后，朱舜华给杨开慧写了一封信，杨开慧回复了一封信，勉励她努力学习，为改造社会作贡献。从此以后，朱舜华的人生旅途又多了一个引路人。

→ 终成伴侣

★★★★☆

（19 岁）

　　毛泽东和杨开慧两人经历了从相识、相知到相爱，其历程曲折蜿蜒，但两个互相深爱的人最终走到了一起。在杨开慧的《自传》中她写道：

　　不料我也有这样的幸运！得到了一个爱人，我是十分爱他，自从听到他许多的事，看见他许多文章日记，我就爱上了他，不过我没有希望过会同他结婚……一直到他有许多的信给我，表示他的爱意，我还不敢相信我有这样的幸运。……自从我完全了解他对我的真意，从此我有一个新意识，我觉得我为母亲而生之外，是为他而生的。我想象着，假如一天他死去了，我的母亲也不在了，我一定要跟着他去死！假如他被人捉着去杀，我一定要同他去共这一个命运……

这些话写于 1929 年 6 月 20 日，杨开慧牺牲前把它藏在长沙板仓住所的墙缝中，直到 1983 年才被发现。这也是他们爱情史上的一段佳话。

杨开慧对于爱情和婚姻有自己的见解。在她看来，毛泽东是个不平常的男子，有着非凡的才干和魅力，自从了解了毛泽东，并爱上他以后，便为毛泽东所倾倒，为了毛泽东，她可以牺牲自己的一切。她用行动实现了自己的诺言。

杨开慧选择爱人是非常认真的。她说，看到毛泽东的许多信"表示他的爱意"，才表示同意。1920 年两人回到湖南后，毛泽东对杨开慧仍一往情深。不过，风华正茂的毛泽东也是长沙城内许多才女追求的对象，杨开慧非常不安。她当时的嫂子、杨开智的妻子李一纯，直接去向毛泽东挑明杨开慧的心思。毛泽东则说明心爱的人只有"霞姑"。杨开慧将这消息告诉自己的同窗好友李淑一。

1920 年冬，杨开慧与毛泽东结婚了。她一不坐花轿，二不要嫁妆，三不用媒妁之言，自由与毛泽东结合，以示"不做俗人之举"。在长沙市望麓园附近的船山书院内，杨开慧和毛泽东举行了简朴的婚礼，仅花了 6 元大洋请至亲好友吃了一顿饭。杨开慧与毛泽东的结合，是在五四运动新思潮的影响下知识青年自由选择和自由恋爱的结果。

杨昌济先生作为教育家,应该为培养出"千古骄杨"的女儿和"世纪伟人"的学生而含笑九泉!

1920 年冬,寒假来临了,毛泽东和杨开慧相约一起去板仓过春节。杨开慧和毛泽东结婚的消息在板仓传开了,许多亲朋好友来到杨家下屋,既来祝贺新婚,又来看看新郎官。这是毛泽东和杨开慧第二次来板仓,他和杨开慧一起招呼客人,和大家亲切交谈。毛泽东给大家

△ 杨开慧

△ 毛泽东

讲了革命形势，讲得大家心中热乎乎的。在板仓的日子，杨开慧陪同毛泽东踏遍了这里的山山水水，去过了杨开慧曾经学习和生活过的地方，拜访了杨开慧的好友郑家奕。两人在板仓住了十来天，度过了一个有意义的春节。

毛泽东和杨开慧回到长沙后，杨家的亲戚朋友纷纷前来祝贺。这时，毛泽东和杨开慧分别住在学校里，还没有找到一个共同落脚的地方，只好在妙高峰下陈昌家的一间楼房里，接待了交往最密切的几位朋友。

毛泽东与杨开慧的结合，可以说是志同道合的革命婚姻。然而，在此之前，毛泽东还有过一次父母包办的婚姻。对于第一次婚姻，毛泽东自己不愿承认，也很少与人谈及。倒是在1936年美国记者斯诺为了写《西行漫记》（即《红星照耀中国》）采访毛泽东时，毛泽东第一次在公开的场合谈起自己的人生经历，提到了他始终不愿承认的由家庭包办的这桩婚姻。毛泽东对斯诺讲："我14岁的时候，父母给我娶了一个20岁（其实是18岁）的女子，可是我从来没有和她一起生活过——而且后来也一直没有。我不认为她是我的妻子，当时也几乎没有想到过她。"毛泽东所说的这位比他大四岁的女子，姓罗，名叫大秀，与毛泽东同为韶山冲人，是韶山冲杨林炉门前农民罗鹤楼的长女。

罗氏，生于1889年10月20日，1908年嫁到韶山毛家，成为毛顺生的大儿媳。罗氏过门以后，帮助婆婆、弟媳干活，她们相处得很好，死于1910年2月11日，享年21岁。罗氏病逝后，葬于韶山冲上屋场楠竹，即毛泽东故居对面的山上，其坟墓位于毛泽东父母坟墓的下面，两坟墓相距只有几步远。

1941年，韶山毛氏四修族谱时，将毛泽东与杨开慧的第三个儿子毛岸龙列在罗氏的名下，承祧以慰亡灵。还应当特别说明，尽管毛泽东不承认与罗氏的婚姻，然而实际并未割舍与罗家的亲情。他非常关心罗氏的家人，依然把他们当亲戚看待。

→ 加入中国共产党

★★★★★

（20-21岁）

毛泽东和杨开慧的结合完全摒弃了旧婚姻的包办，是自由恋爱的结果。婚后，杨开慧继续在校学习。在杨开慧的带领下，福湘女中学生的反帝反封建斗争开始高涨。1921年后，杨开慧和进步同学一起，在长沙城里办起了贫民识字班。同学们轮流给那些没钱上学的穷苦人家的孩子讲课，他们自编教材，自印讲义。通过这种形式宣传爱国主义思想，抵制洋货。贫民的识字班发展很快，由最初的一个发展到九个，学生已达到数百人。到了1921年上学期，杨开慧的学联活动更多了。她和一些同学经常外出请假，有时回来很晚。学校害怕学生搞运动，更害怕有着"过激派"特征的杨开慧。学校以违反校规来处分杨开慧。福湘女中有一条校规，学生不听话，就不让她听课，罚她白天睡觉。所以，睡觉也是一种处分。这种处分可以说是校长对付活泼好动的青年学生的一种发明! 然而，杨开慧面对着这种无理处罚时，她毅然选择从福湘女中退学。在退学的时候，用嘲笑的口气声明说："书可以不读，学生运动非搞不可! " 说完之后，她离开了这所教会学校。

此时，毛泽东正在从事工人运动。杨开慧从福湘女中退学后，毛泽东又多了一位有力的助手。他立即把争取湖南劳工会的工作提上了日程。湖南劳工会主要创始人是黄爱和庞人铨，会员达七千人。湖南劳工会是在湖南工人中较有基础而又受无政府工团主义影响的工人团体，它只做经济斗争，组织原则是"铲除领袖的合议制"，绝对打破领袖观念和男女界限。在办劳工会的指导思想和宗旨等问题上黄爱、庞人铨与毛泽东意见不一。因为黄爱建工会要采取"合议制，铲除领袖制"的做法，这是明显的无政府主义的主张。因此，毛泽东不同意。以后，黄爱和庞人铨就开始了独立建会的行动。湖南劳工会于1920年在长沙成立。不久，湖南第一纱厂工人发起反对省政府将纱厂租给私商华实公司经营的运动。黄爱和庞人铨曾领导纱厂工人游行示威,提出抗议,他们的行动没有使政府有所行动,斗争仍在继续。为了打开湖南工人运动的局面,毛泽东决定去第一纱厂做一次实地考察。一起去的还有杨开慧、柳直荀、夏明翰。他们了解到女工们的工作条件极差,劳动强度大,受压迫很深。劳工会现在的斗争,是发动纱厂工人,反对商办,交回公办。工人还没有发动起来,合法斗争很难取得胜利。毛泽东说:"要反对残酷剥削、黑暗统治,只有靠工人团结一致,坚决斗争才有可能成功。"这次毛泽东和黄爱、庞人铨取得了一些共识,并且表示向毛泽东学习工人运动的经验。毛泽东对省劳工会提出三点建议,被黄爱和庞人铨二人赞同和采纳。随后,他们对劳工会进行了改组,从此劳工会进入了崭新的发展阶段。最后经过100天的斗争,华实公司被迫与劳工会订立条约,劳工会的斗争取得了胜利。

1920年5月,上海正式成立了共产主义小组,北京小组于9月成立。毛泽东接到上海和北京的通告后,随即在长沙成立了同样的组织。毛泽东和何叔衡等同志极其慎重地进行这项庄严的工作。1921年6月,毛泽东参加召开党的成立大会。毛泽东告别新婚不久的夫人杨开慧,与何叔衡悄然登船前往上海。

途中，毛泽东思念远方的爱人，夜间无法入睡，写下这首抒情词《虞美人》：

堆来枕上愁何状？江海翻波浪。夜长天色总难明，寂寞披衣起坐数寒星。

晓来百念皆灰尽，剩有离人影。一勾残月向西流，对此不抛眼泪也无由。

1921年7月23日，中国共产党第一次全国代表大会在上海正式开幕。出席代表十三人，代表党员五十多人。大会通过了中国共产党的第一个纲领。"一大"的召开标志着中国共产党的正式成立，犹如一轮红日在东方冉冉升起，照亮了中国革命的前程。这是近代中国社会进步和革命发展的客观要求，是开天辟地的大事。自从有了中国共产党，中国革命的面目就焕然一新了。大会闭幕后，毛泽东被派回湖南，任湘区工作委员会书记，毛泽东在长沙发展党的组织，并根据各地工作的基础，建立党的地方组织。1921年8月毛泽东和何叔衡开始酝酿筹建中共湖南地方组织工作。

不久毛泽东被第一师范聘为国文教员，他辞退一师附小主事的职务。杨开慧上学期从福

△ 何叔衡

△ 易礼容

湘女中退了学，但学业没有完成，现在秋季开学临近，她正考虑怎样继续求学的问题。被学校开除辞退的学生，再度入学不是一件容易的事。后经何叔衡向岳云中学校长何炳麟推荐，杨开慧得以进入岳云中学。

岳云中学创办于1908年，是湖南办得最好的私立中学之一，素有"北有南开，南有岳云"

的美称，校长何炳麟是一位著名的进步教育家，早年留学日本，后回国办教育，倡导科学救国、教育救国，依靠朋友的帮助，创办岳云学校。他是一位正直、不畏权贵的知识分子。何炳麟对学校进行革新，决定招收女生，实行男女同校。原来男女分校，岳云是男校。杨开慧决心冲破封建陈规，带头报考岳云男校。随后，她与周南女校的蒋玮（著名女作家丁玲）等五个同学一道来考岳云男校，这是破天荒的事情，马上轰动了整个长沙城。校长何炳麟不畏人言，首开男女同校禁规，杨开慧等六名女同学全被岳云中学录取了。杨开慧和蒋玮等几个同学成了"开放女禁"的急先锋。何炳麟校长首先实行男女生同校，这在教育界是一场大的革命。杨开慧9月到岳云中学以后，一边从事党的工作，一边读书。

中国共产党成立后，毛泽东就更加重视理论学习了。1921年8月间，毛泽东利用船山学社的社址，和何叔衡创办了湖南自修大学，以此作为培训党的干部的基地。贺民范出任自修大学校长，毛泽东担任指导主任。杨开慧参加了该校的筹建工作，并以学联干事的身份筹集经费。毛泽东办自修大学的方针是提倡自动学习，提倡实际的学问，提倡平民学制。他起草了自修大学的《组织大纲》和《创立宣言》。1921年8月16日，长沙报纸刊登的"湖南自修大学组织大纲"中说："本大学鉴于现在教育制度之缺点，采取古代书院与现代学校二者之长，取自动的方式，研究各种学术，以期发现真理，造就人才，使文化普及于民，学术因流于社会。由湖南船山学社创设，定名为'湖南自修大学'。因而招生只凭学力，不限资格。学习方法以自由研究，共同讨论为主。教师负责提出问题、订正笔记、修改作文等责任。学生不收学费，寄宿者只收膳费。"学校发出《入学须知》中申明："我们的目的旨在改造现时社会。我们的求学是实现这个目的的学问。"然而，新学期开学，只有一个人来求学，他是夏明翰。但是后来，经过做工作前来学习的达一百多人。自修大学内部附设了一个藏书丰富的图书馆，收集了当时国内可能收集到的进步书刊和报纸，以备大家阅读。杨开慧常常来自修大学，采取自己看书、自己思考、共同讨论、共同研究的学习方法，研究马克思主义。杨开慧积极投身到毛泽东为之奋斗的事业中，和他并肩战斗。在创办湖南自修大学的同时，毛泽东着手组建湖南地方党组织。10月10日，湖南共产党支部成立，毛泽东任书记，成员有何叔衡、易礼容等人。湖南党支部成立后，毛泽东着手在工人和学生中发展党员，建立党的基层组织。有一天，毛泽东对杨开慧说："现在正在发展第一批党员，成立湖南党的正式组织。你是第一批加入社会主义青年团员的，争取早日转党。"不久，杨开慧加入了中国共产党。她入党时，女性中只有北大的何孟雄的妻子缪伯英加入了中国共产党，杨开慧成为党的历史上第二位女党员。

中共第一次代表大会后，为了公开统一领导全国工人运动，成立了"中国劳动组合书记部"。1921年10月，在长沙成立了劳动组合书记部湖南分部，毛泽东担任主任，把组织发动工人运动，作为湖南工作的重点。1921年秋，毛泽东又来到安源，深入又脏又黑的煤井和又矮又破的工人宿舍，启发工人团结起来，打倒吃人的剥削者。毛泽东回到长沙后，便立即同留法回国的李立三（当时名为李隆郅）到安源开辟工作。并对他说："我们现在做工人运动，必须争取合法，必须站稳脚跟。要利用平民教育运动进行活动，取得合法地位。"李立三来到安源后，首先办起了工人子弟学校，从而很快地与子弟的家长们建立了感情。

此时，湖南劳工会又掀起了工人运动的热潮。黄爱、庞人铨领导的劳工运动逐渐由经济斗争转向政治斗争，后来在工人运动中，黄爱、庞人铨殉难，引起湖南各界人士的极大愤怒，群众立即组织了游行示威，向省政府提出强烈抗议。杨开慧自始至终地参加了这场斗争，在血与火的洗礼中，她受到了锻炼，也在不断地成长。

通过指导湖南劳工会的活动，毛泽东初步获得了领导工人运动的经验。于是着手组建粤汉铁路工人俱乐部、安源路矿工人俱乐部。长沙的新河，是粤汉铁路的一个总站。1922年初，在毛泽东的亲自指导下，新河铁路工人俱乐部成立了，并办起了工人夜校。工人夜校办起来后，教员非常缺乏。这时，杨开慧已有平民识字班教学的经验，于是她自荐地说："润之，我到这所夜校去讲课。"毛泽东欣然同意了。当天晚上，毛泽东和杨开慧一起去新河。毛泽东去那里找负责人研究工作；杨开慧手提马灯，腋下夹着几本书，来到工人夜校上课。夜校的课堂是一间民房，屋顶吊着煤油灯，墙上挂着小黑板，几十名工人挤在几张桌子周围，民房塞得满满的。工人们见是一位年轻的女先生，颇为惊奇，不少人有疑虑。杨开慧猜透了大家的心思，首先说："工友朋友们，听毛泽东先生说，去年你们曾因警兵殴打车务工人而罢工，还联合株洲、岳州等地的职工八百多人，为改善工人待遇而举行罢工，并取得了胜利。这说明你们是勇敢的工人，只要我们团结起来，我们的目的就一定能达到，就一定能翻身做主人！"杨开慧的一席话立即赢得了大家的信任和好感，课堂气氛一下子活跃起来。

一位中年工人不解地问："我们辛辛苦苦没白没黑地干，

可为什么总无翻身之日，被人踩在脚下呢？"另一位中年工人悲观地说："咱们工人生来就是受穷的命，正是'命中只有八合米，走遍天下不满升'啊，出不了头！"

一位青年工人又接着说："有人说，'工'字出头，就是'土'字，工人出头就要'入土'。还有人说，闹罢工的人被杀头，就是想出头的结果。"听了大家的话，杨开慧没说什么，她拿起粉笔，在黑板上工工整整地写了一个大大的"工"字，然后慢慢解释说："这个'工'字看上去很简单，只有三画，但意义却很丰富。上面这一横代表天，下面这一横代表地，中间这一竖最关键，就是代表我们工人阶级。不论天有多高，地有多厚，只有我们工人才是顶天立地的好汉！"见工人们的兴致越来越高，杨开慧接着说："现在我们生活在一个不平等的社会中，列强、军阀、豪强、资本家以及外国侵略者都压在我们中国人民头上，直压得我们喘不过气，抬不起头，伸不开腰。然而我们工人毕竟是大多数，只要我们伸伸腰，抬起头，就能顶破天，把压在我们头上的那帮家伙打翻在地；只要我们动动腿，跺跺脚，就能把他们打入十八层地狱。我们贫穷绝不是因为我们命苦，而是因为反动分子把我们的劳动成果都剥夺去了。因此我们要把本应属于我们自己的权利夺回来，把我们自己的劳动成果夺回来！"杨开慧的话使大家心里豁然开朗，工人们你一言我一语地议论起来。杨开慧接着启发大家："现在最主要的问题是，我们不是没有力量消灭骑在我们头上的反动分子，而是由于我们没有团结起来，没有拧成一股绳。我们工人自己不仅要团结在一起，而且要广泛地团结农民朋友，这样我们就天下无敌了。事在人为，我们千万不要相信什么'命中只有八合米，走遍天下不满升'的谎言。"

从此，只要杨开慧讲课，教室里总是座无虚席，工人们亲切地称她为"杨先生"。杨开慧还与毛泽东一起，根据铁路工人的实际情况自编教材，向工人传播马克思主义理论，介绍国际国内工人运动状况，使工人们的思想觉悟大大提高，为日后开展工人运动打下了良好的基础。

清水塘安家，岸英出生

1922 年在中共湖南支部的基础上，建立了中共湘区委员会。毛泽东任书记，委员有何叔衡、易礼容、李隆郅等，后增加郭亮。区委机关设在长沙小吴门外的清水塘 22 号。这是一栋青砖青瓦的小平房，大小七八间。位置在长沙城郊，比较偏僻，住户多为菜农。房租每月 6 块大洋。这个地方人来人往不大引人注意。毛泽东选定这里作党的秘密机关主要有以下考虑：一是交通方便，靠近火车站，出火车站要不了多久便到了，便于和全省各地党的组织联系；二是靠近船山学社，当时自修大学设在船山学社，从清水塘去船山学社，只要

△ 清水塘

横过铁路，通过小吴门便到了；三是距离文化书社这个党的联络地点也很近。当区委决定把这个房子作为党的最早秘密活动机关后，杨开慧到清水塘22号看了好几遍，然后请木匠任树德来做过一番维修。任树德是毛泽东在自修大学结识的泥木工人，也是毛泽东亲自介绍入党的第一位工人。在革命活动中，任树德成为了毛泽东夫妇最好的朋友，杨开慧也把他当做自家人看待。这次杨开慧邀请任树德，他二话没说，带来两个帮手，按杨开慧的要求，把房子做了维修。房子维修完，杨开慧考虑到以后要在这里开会，又让工人在房屋外的路面上铺了沙石碎瓦，防止下雨路滑。经过维修，清水塘的这个木板平房焕然一新。

杨开慧父亲去世后，母亲一直住在板仓，一年能来长沙几趟，现在毛泽东和杨开慧有了一个固定的住所，两人商量完之后把母亲接到长沙一起住。毛泽东由于工作繁忙，连搬家都顾不上了，杨开慧同母亲及李淑一几个人，雇了个搬运工把一师附小的东西搬到清水塘，忙到黄昏时分才把"家"搬完。直到晚饭时，毛泽东才回家。他走进屋子，看到屋子摆放得井井有条，毛泽东笑呵呵地说："霞仔，你同母亲忙了一天。搬家我也没有空帮忙呀！"杨开慧笑着说："等你帮忙，不知要等到什么时候呢！"晚饭后，毛泽东对杨开慧说："今晚有个会要在这里开，你准备一下。"于是杨开慧便和母亲在堂屋里准备椅子和油灯，以备开会用。当夜幕降临时，参加会议的人来到清水塘。会议的内容主要是研究开展工人运动的问题。杨开慧给每个人泡上茶，然后坐在门旁一边听，一边记下谈话的重点。会后，毛泽东伏案写文章，起草文件。杨开慧则整理会议记录，处理报纸和各地来信及资料。在这里杨开慧和毛泽东一起战斗和生活着。

此后，毛泽东因忙于创建和发展党组织、发动工人运动的活动，许多工作需要杨开慧协助。杨开慧的工作也十分忙碌。她负责处理收发的信件和文件越来越多，她要按照毛泽东的要求把信件和文件浏览后，分门别类，以备毛泽东查用。此时全省各地来找毛泽东或何叔衡的人很多，他们都先由杨开慧接洽，并且她安排地点与他们见面。同时杨开慧还担负联络员的任务，常常一身女装，带着书包，冒着风雨，不露声色地把文件、指示传递给湘区各个党支部和秘密联络点。这时杨开慧除了去夜校上课，还担任区委的机要和交通联络工作，身兼秘书、机要、文印、联络员、总务等多种职务。她常常出入城东小吴门，到文化书社、船山学社等党的秘密联络点，传达党的文件和指示。太多太多的工作需要杨开慧协助。她在岳云中学两个学期没有读完，就结束了学生时代的生活，开始了一个革命者的战斗生涯。

有一天傍晚，杨开慧领回来两个女学生。一进门，她就笑眯眯地对母亲说："我给你介绍两个学生，母亲向振熙仔细一看，便认出其中一个是朱舜华，如今她已改名为张琼。张琼说："我现在无家可归了。还有她，我在衡阳女三师的同学，因为不愿做童养媳，也从家里跑出来了！"向振熙走上前拉住了她俩的手说："这里就是你们的家。"张琼和这位女学生在清水塘住下来了。毛泽东和杨开慧很关心她俩。1922年湖南全省又遭受自然灾害，粮荒严重，物价飞涨，铜元贬值。长沙泥木工人的工资，还是在1917年张敬尧定的标准上。甲工每日铜元42枚，当时可折合银元3角，这时只能折合2角。

△ 毛岸英

工资发的都是"鸟票"，当时湖南官钱局印的纸币，上面印有鸟的图案，所以称"鸟票"或"市票"，它有随时贬值的危险。工人干一天的活儿的收入往往只有1角钱，难以糊口。

长沙有五六千泥木工人，其行会叫鲁班庙。鲁班庙由勾结官府欺压工人的社会痞子把持，不仅不为泥木工人说话，反而转过来对增加工资活动进行破坏。杨开慧说："先建立工会，彻底斗垮鲁班庙，然后再组织工人涨工资。"杨开慧的这个主意和毛泽东的想法不谋而合，于是毛泽东、杨开慧和任树德一起研究如何着手筹建泥木工会，彻底斗垮鲁班庙封建把头的办法。毛泽东正在帮助泥木工人组织工会，通过积极分子发动泥木工人，建立基层组织"十人团"。1922年9月5日，泥木工会召开成立大会，通过毛泽东起草的《长沙泥木工会章程》。之后，毛泽东亲自领导和参与了长沙泥木工人罢工活动，并取得伟大胜利。

不久，毛泽建和毛泽覃也住进了清水塘。加上张琼她们俩，清水塘就有四位年轻人。毛泽覃受长兄毛泽东的影响，1921年加入中国社会主义青年团。1922年初，进入长沙协均中学读书。毛泽建是毛泽东的堂妹，后来过继给毛泽东的母亲做女儿。毛泽东父母去世后，没人抚养，只好讨饭，后来嫁给杨林一个姓萧的做童养媳。有一次毛泽东回老家才知道此事，毛泽东把毛泽建带去长沙读书。她学习刻苦，成绩很好，尤其刺绣学得好。后来她又转到崇实女子职业学校，也加入社会主义青年团。毛泽东和杨开慧非常关心这四位年轻人。白天，送他们进自修大学读初级班，晚上，辅导他们学习，甚至还领着他们做体操。

有一天，几个人从自修大学回来，看见杨开慧在客堂的大镜子前照来照去。张琼和毛泽覃非常好奇，因为她们看到慧姐一天照好几次，不知为什么。张琼好奇地问杨开慧也没有得出答案。这四个人聚在一起，从照镜子开始，议论出许多"秘密"来。

张琼说:"我发现一个秘密!"毛泽覃问道:
"什么秘密?"张琼接着说:"你们知道慧姐那
个枕头箱吗?晚上枕着它睡觉,白天藏在床下。
每次出门之前,总是从里边拿出点什么东西,
然后塞进包里就出门。她做这事,总是背着我
们。"大家你一言我一语议论开了,箱子里是不
是有什么好吃的?是不是有什么好东西?大家
越说越有趣。她们趁杨开慧不在家时,把箱子
打开了。结果,令大家大失所望,里边并没有
什么宝贝,而是一卷写着墨笔字和油印的纸。
这时,开慧姐回来了,大家手忙脚乱地把枕头
箱藏起来了。杨开慧回家后发现,枕头箱不见了,
非常着急,赶忙问母亲,母亲没看见。杨开慧
神色紧张起来,开始翻箱倒柜地找,母亲也帮
忙找。母亲提示女儿,问问那四个年轻人看见
没有?在杨开慧的追问下,毛泽建只好把那枕
头箱交出来。杨开慧非常生气地说:"这是什
么地方?"毛泽建几个人垂着头说:"你的家呗。"
杨开慧说:"我的家?我怎么能有这么大的家?
这里是党的省委机关!枕头箱里装的都是党的

秘密文件。这里的东西比我生命还珍贵，要是被坏蛋弄走，暴露了党的机密，党的事业就要受到损失！要死人的！你们有责任保护它，你们不是党员，不能给你们看这里的东西，你们刚才的行为是不对的。"四个人一听，知道惹了祸，紧张得要哭。杨开慧看着他们的样子，就笑笑说："算了，算了。这次原谅你们，但要对你们惩罚，到菜园拔草。"张琼看见杨开慧气消了，又指了指墙上大镜子说："你为什么一天照这么多回镜子？"杨开慧告诉他们，从镜子里清晰地看到大门外的动静，这是用来做"观察哨"监视敌情用的。通过这件事之后，大家明白了革命工作的艰巨性、危险性以及责任的重大。

当时的长沙城是一片黑暗和冷酷的世界，而这四位青年人住在城郊的清水塘，生活、学习在毛泽东和杨开慧的身边，却感到无比的亲切和温暖。

1922 年秋，杨开慧怀胎已经足月，此时是毛泽东领导长沙泥木工人举行罢工的关键时刻，他有时忙得连饭都顾不上吃，每天回家很晚，甚至不回家。杨开慧没有打扰他。杨开慧要临产了，这时家里只有杨开慧的母亲，没有其他人。杨开慧的母亲急得团团转，正好张琼来了，急忙叫了一辆人力车把杨开慧送往湘雅医院。经医生检查，要进行剖腹产手术，手术需要亲属签字才行。杨开慧心里清楚，此时毛泽东工作更加繁忙，肩上的担子很重，这个时候怎么能打搅他呢？想到这里，她忍着疼痛对医生李振翩说："润之非常忙，不用找他了。"医生李振翩原是新民学会会员，和毛泽东、杨开慧非常熟，李振翩还是有些为难。杨开慧说："没事，你该怎么做就怎么做吧。"李振翩立即吩咐护士准备产前工作，由他负责接生。第二天凌晨，天还没有大亮，毛泽东匆匆赶往医院，走进病房，直奔开慧的床前，用手摸了摸开慧的前额，俯下身问道："你感觉怎么样? 不要紧吗? "杨开慧看见丈夫布满血丝的双眼，眼圈发黑，又一宿没睡，便说："我不要紧，这几天你正忙，快去办你的事吧! "毛泽东望着妻子的脸，紧紧地握着她的手说："好吧! 你好好休息，不要怕! 那边是关键时刻，我不能留下来陪你了。"毛泽东走出病房，找到了李振翩，说："振翩，一切拜托你了。"李振翩很理解毛泽东，说:"润之，你放心，一切包在我身上，一定要让开慧母子平安无事。"1922 年 10 月 24 日早晨，毛泽东的第一个儿子——毛岸英降生了，此时正是毛泽东领导泥木工人取得罢工胜利的早晨，真可谓"双喜临门"。在毛岸英出生后的第三天，

毛泽东才匆匆地来到湘雅医院看望母子俩。毛泽东接过襁褓中的婴儿，仔细地看着，然后对杨开慧说："毛润之后继有人了。"此时的毛泽东非常高兴。回到清水塘后，毛泽东为儿子取名毛岸英。这时，杨开慧21岁，毛泽东29岁。

1923年2月7日，京汉铁路工人总工会举行成立大会，遭到军阀吴佩孚血腥镇压，发生二七惨案。之后全国工人运动渐渐地走向低潮。但由于毛泽东与中共湘区委员会利用军阀赵恒惕"省宪"中言论、结社自由的条文，以合法形式为掩护，开展工人运动，所以湖南工人运动一时没有受到挫折。4月，罗学瓒等人又组织长沙人力车工人举行大规模请愿游行，引起赵恒惕的恐慌，他想尽办法破坏工会，此外，下令通缉"过激派"毛泽东。

一个晚上，毛泽东正在清水塘的家里起草文件，妻子杨开慧抱着熟睡的岸英坐在旁边。突然，响起急促的敲门声，"润之！润之！快开门。"杨开慧赶紧放下孩子走到门前，从门缝往外一看，然后打开门，进来的是一位我党在省里供职的同志，他告诉毛泽东：快躲躲，赵恒惕派人抓你来了，正在路上。杨开慧一听，跑回房间，从床下拿出一个小铁箱子，给毛泽东收拾东西。送信人催促道："快一点，晚了就来不及了，他们到了！"杨开慧把箱子递给毛泽东，焦急地说："润之，你快从后门走。"结果，毛泽东前脚一走，捕兵后脚就到了，然而，他们扑了个空。赵恒惕没抓到毛泽东，十分恼火，以"最危险"的"过激派"的罪名，下令通缉毛泽东，长沙的大街小巷贴满了悬赏缉拿的布告，毛泽东处于十分危险的境地。毛泽东这几年领导了湖南工人运动取得了显著的成绩，不仅得到了社会的关注，同时也得到了党内的高度评价。党的总书记陈独秀越来越赏识毛泽东的才干，决定调毛泽东到中共中央工作。

1923年4月，毛泽东离开长沙赴上海到中共中央工作。6月，又由上海去广州出席中共第三次代表大会。这次会议对毛泽东的政治生涯来说，是一个较大的转折。他被选为中共执行委员和中央局委员。随后毛泽东成为中央局秘书。中央局的核心是委员长和秘书。这意味着毛泽东第一次进入了中共的领导核心。"三大"之后，中央机关暂留广州。三个月之后，毛泽东随着中共中央机关迁往上海。不久，他又离开上海前往湖南，贯彻中共"三大"关于国共合作的决议，指导工作。毛泽东回到了清水塘家里，和全家人又团聚了。他看到儿子岸英正在学走路。快乐的时光对于幸福的一家人来说，是短暂的。毛泽东又要走了，临行前，儿子岸英抱着父亲的大腿号啕大哭，不让他走。杨开慧靠着门目送毛泽东远去，也潸然泪下。毛泽东心里也是难舍难分。坐上火车后，他在路上吟成《贺新郎》词一首：

挥手从兹去。更那堪凄然相向，苦情重诉。眼角眉梢都似恨，热泪欲零还住。知误会前番书语。过眼滔滔云共雾，算人间知己吾和汝。人有病，天知否？

今朝霜重东门路，照横塘半天残月，凄清如许。汽笛一声肠已断，从此天涯孤旅。凭割断愁思恨缕。要似昆仑崩绝壁，又恰像台风扫寰宇。重比翼，和云翥。

表达了毛泽东与杨开慧分离的痛苦心情。这是一对感情笃厚的青年夫妻离愁别恨的写照。

迁居上海

（1924）

→ 夫妻间的误会

★★★★★

（23岁）

1924年1月20日，毛泽东在广州参加国民党第一次代表大会。会后，毛泽东作为候补中央委员，被派往国民党上海执行部工作。毛泽东离开长沙去上海时，杨开慧已经怀孕在身。之后，杨开慧带着自己的母亲和儿子回到了板仓。在那里毛岸青出生了。过了一个多月后，杨开慧携母亲、儿子回到了长沙清水塘。此时毛泽东的工作比较忙，很少往家写信。

毛泽东走后，杨开慧一人独撑家务，上有老母需要照顾，下有婴儿需要抚养，生活清苦，负担沉重。革命工作又不能放下，而丈夫又要冒着风险出门远行，这时杨开慧心里的凄楚之情是可想而知的。因此更加想念

△ 杨开慧的母亲向振熙

毛泽东。杨开慧几次写信，要求和毛泽东一起到上海、广州去。毛泽东因当时革命工作环境所迫，写信回绝了杨开慧的要求，并且，还节录了唐人元稹的一首诗《兔丝》赠给她：

> 人生莫依倚，依倚事不成。
>
> 君看兔丝蔓，依倚榛与荆。
>
> 下有狐兔穴，奔走亦纵横。
>
> 樵童斫将去，柔蔓与之并。

他还在另一首给杨开慧的词中写道："我自欲为江海客，更不为昵昵儿女语。"杨开慧收到来信，非常委屈。一向视为知己的毛泽东，怎么变得这样不理解人呢？我杨开慧是那种只注重儿女情长的人吗？我也要进行革命工作，同时助你一臂之力。这不行吗？……杨开慧有些生气，没再给毛泽东回信。不久毛泽东从上海去广州出席党中央的会议，特地回长沙看望杨开慧母子。杨开慧对待毛泽东的态度非常冷漠，不理睬他，毛泽东却不知出了什么事情。后来杨开慧含泪向毛泽东诉说自己的委屈，使毛泽东十分惊讶。他心情十分复杂，久久不能平静下来。4月，毛泽东回到上海，写信给杨开慧，让全家来上海生活。李一纯跟着杨开慧一家坐船也来到上海。这是杨开慧1920年从北京回来后，第一次坐船远行。全家人终于在上海团聚了，杨开慧的气也消了，夫妻间的"误会"解除。毛泽东亲自到码头迎接，结束了半年多的两地生活。

➡ 三户楼的生活

★★★★★

（23岁）

在上海三曾里，实际上是中共中央机关的地址，此时中央的代号为"钟英"。三

△ 杨开慧和毛岸英、毛岸青母子三人合影

曾里的房子结构是普通的二层楼，楼上楼下大
小共八间，当时没有户口制度，但住房必须有
个户主，因为三户联居，称它为三户楼。毛泽东、
杨开慧一户；向警予、蔡和森一户；罗章龙一户，
对外一家人。三户中每人都有自己的一份工作。
来上海后，杨开慧主要是在中央局做资料工作，管报纸的传阅和资料剪辑，有空帮助向警予做女工的工作。另外，还主动协助向警予做一部分内务工作。三户楼里有严格的制度，实行五不准。不准上餐馆，不准看戏，不准看电影，不准上街游逛，不准到外面照相。只有杨开慧初来上海时，经过向警予的同意，破例带着岸英、岸青在照相馆照了一张相。这成为现存下来最珍贵的杨开慧与两个孩子在一起的历史记录。

三户楼的生活是紧张的，常常夜深了，三户楼仍亮着灯光。前厢房毛泽东和蔡和森在工作，后厢房向警予和杨开慧为女工夜校而编写教材，大家非常和睦。由于女工运动兴起，杨开慧被邀请到女工夜校当教员，为此还专门学习用上海话讲课。之后，杨开慧白天为毛泽东整理材料，晚饭后，就和邓中夏、李隆郅等人到沪西工人区去了解情况，杨开慧还向工人们介绍长沙工人罢工的经验，工人团结起来，成立自己的工会，斗争才能取得胜利。在杨开慧和邓中夏、李隆郅等人的努力下，沪西工友俱乐部的影响不断扩大，会员发展很快。沪西的工人队伍迅速建立起来。

韶山风云

(1924—1927)

→ 创办农民夜校，成立党支部

（23—26岁）

毛泽东在中共党内担任着十分繁重的工作任务，加上国民党上海执行部内部斗争尖锐复杂，他心力交瘁，终于积劳成疾，大病一场。紧接着，毛泽东与陈独秀在农民问题上又发生分歧。正好陈独秀来看望他时，把自己回家乡，一边养病，一边做农民工作的想法做了汇报，得到了陈独秀的批准。1924年12月底，毛泽东、杨开慧带着岸英、岸青和母亲向氏坐船回家乡，蔡和森、向警予前来送行。

一条木帆船从湘江经湘潭，漂到了涟水河。毛泽东和杨开慧带着两个儿子岸英、

△ 韶山毛泽东故居

岸青，一路上说说笑笑，不觉快到银田寺了。毛泽东身着长衫走出船舱，来到船头。离开家乡十来年了，山还是这些山，水还是这些水，他却经历了风风雨雨。他以个人身份加入国民党，担任国民党上海分部的组织部长，因而常与汪精卫和胡汉民在一起。他的农民运动思想，张国焘和李立三是十分歧视的，这使毛泽东陷入了孤立，毛泽东被挤出了党中央领导层。去年冬天，毛泽东大病一场，经过治疗，虽说痊愈，却落下了失眠症。杨开慧十分心痛。她知道毛泽东太累了，大夫也说了，必须好好休养。现在毛泽东已不在中央任职，杨开慧劝毛泽东休养一段时间。这天，杨开慧见毛泽东心情好些，说："润之，我和你结婚这么多年了，还没去过你家。你答应我几次了，要带我回家去看看的。按道理，你得用八抬大轿接我才能去。"毛泽东说："岸英、岸青都这么大了，你还要坐八抬大轿，教授千金，这不要笑死人哟。"杨开慧说："不要八抬轿子也行，你总得让我这个媳妇进你毛家的屋门吧，总得让我知道毛家的门朝哪里开呀。"毛泽东想想也是，和杨开慧结婚几年，细伢子都生了两个，是该让她进毛家的门了。自己在外颠沛流离，有几年没回家了。毛泽东说："娘子说得是，现在有点空，是该带你回家看看。"毛泽东兴奋地哼起了他喜欢的花鼓戏《刘海砍樵》的曲调，唱道："开慧，我的妻呀，你随我往韶山行啰嗬喂……"

毛泽东带着妻儿从上海回到湖南长沙，毛泽民来接他们，又从长沙的湘江码头坐船，朝银田寺而来。银田寺码头上，庞叔侃朝河中远眺，看见一条木船徐徐而来，船头上果然站着一个身材伟岸的男子。他望着那熟悉的身影，激动地叫了起来："那是润之哥，我先生。润之哥……"不一会儿，船一靠岸，还没搭好桥板，庞叔侃和毛福轩便迫不及待地跳上船，毛霞轩抱起小岸青，领着岸英，庞叔侃和毛福轩各挑起一担行李，随着毛泽东和杨开慧一起下船上岸，回家了。毛泽民的妻子王淑兰叫人放了鞭炮，欢迎毛泽东和杨开慧全家回来，父老乡亲纷纷来到毛家看望润之一家人。

结婚这几年来，毛泽东走南闯北，湖南省长赵恒惕要抓他，张国焘把他挤出了党中央，在上海又大病一场，这次本来说好回韶山冲安心养病，却又遇上手无寸铁的叫花子，被成胥生当做"过激党"试枪的事。成胥生虽说只是上七都团防局的一个局长，却有几十条枪，在这韶山冲是说一不二，常常杀了人，还不准收尸，人称"成阎王"。叫花子被打死后，乡亲们连尸都不敢去收。毛泽东领着乡亲们给叫花子收了尸，还用棺木装殓，搭了灵堂，写了挽联，还要给那两个叫花子开会祭奠。

又要冒风险了。现在的成胥生是杀人不眨眼的土皇帝，杨开慧怎能不担心？毛泽东说："我们回韶山，看到的是农民兄弟受欺压、受凌辱。我冒点风险，能使广大农民兄弟觉悟起来，那也值得呀！"大家都为毛泽东的安全担心，劝他不要参加祭奠和安葬。第二天，团丁荷枪实弹把灵堂包围得严严实实。杨开慧望着灵堂前那紧张的气氛，为毛泽东捏了一把汗。昨晚上毛泽东和她讲刘邦赴鸿门宴的故事，而眼前这状况比那鸿门宴危险多了。省里的郭议员和成胥生等人都来到了灵堂前，毛泽东主持祭奠仪式，在祭奠会上毛泽东以物证以及人群中站出来的许多人证说明这两个叫花子并不是过激党，而是成胥生错杀无辜。最后成胥生的团丁悻悻地撤离现场。人们像送自己的亲人一样拥向灵前。毛泽东和众人将灵柩抬上肩，迈着沉重的步子，向山上爬去。此时毛泽东感觉这肩上的担子很重。中国农民受尽欺压剥削，总认为这是命中注定，总是逆来顺受。我们就要唤醒麻木的农民，因为他们需要觉悟，需要唤醒。所以我们要办夜校，让乡亲们学文化，懂道理，觉悟起来。毛泽东说："办夜校，有现成的老师，就是杨开慧。她是大教授的千金，又有这方面的经验，学生就要大家去招了。"夜校要开学了，学生倒有一些，就是没有一个女生。办夜校在韶山冲还是第一次。杨开慧拉着毛泽东说："你带我出去走一趟，给我招几个女弟子来。"毛泽东说："你怎么要我去给你招女生？""我到你们韶山，

△ 毛泽东

人生地不熟，你不帮我，谁来帮我？你是我的夫君，不要你去，我要谁去？"毛泽东笑了，说："夫人言之有理。看来，这个忙不帮是不行的。"杨开慧对王淑兰悄悄地说："我和三哥出去了，你照看他们。"

这天，人们三三两两地来到毛家祠堂，等夜幕降下来，这里已是人声鼎沸，笑语喧天。

原来报名只有四五十人，没想到来的人越来越多，有些人本没打算来，在别人的鼓动下，也跟着来看热闹。毛福轩宣布开始上课。杨开慧往讲台上一站，闹哄哄的课堂马上静了下来，男人们不吸烟了，女人们也不咳了。杨开慧用"农民苦，农民苦，打了粮食交地主。年年忙，月月忙，田里场里仓里光"的歌谣，向农民指出农民长年累月地过着痛苦生活，绝不是穷人的生辰八字不好，而是地主阶级剥削和压迫的结果。她从"洋油"、"洋火"，讲到帝国主义对我们的侵略、压榨。她态度和蔼、端庄大方地对乡亲们说："我们今天第一课，不讲《三字经》，也不讲《百家姓》，讲什么呢? 让大家学点用得着的东西，学点写字、算术的本领。还要大家知道为什么我们的农民总是忍饥挨饿的原因，让大家知道现在的世界是什么样子,它将来又会是什么样子……"接着，她在黑板上写了两个大字："手"、"脚"。杨开慧说："我们每个人都有手，都有脚。乡亲们的手，一天做到晚，一年忙到头，辛辛苦苦，还是吃不饱穿不暖，遇上点灾荒，就要逃荒讨米当叫花子。有的人有手不劳动，却要什么有什么，还要用手打人，欺压人，这手和手就是不一样,这是为什么? "杨开慧又接着说："我们每个人都有一双脚。我们农民的脚要下田干活、上山打柴，可是，地主贪官污吏有脚不干活,

△ 毛氏宗祠。毛泽东创办农民夜校旧址之一，杨开慧曾在这所夜校讲过课。

走路还要人抬着……"

杨开慧用通俗的语言，深入浅出地向农民宣传革命思想，传授文化科学知识。

有一天，三秀来看望毛泽东和杨开慧，并给岸英、岸青捎来鸡蛋。堂屋里，毛新梅给毛泽东看完脉，说："润之，你的脉象好多了。"

毛泽东说："是呀，是好许多了。我在外

面吃了好多郎中的药，效果不怎么样，回到家里吃了六哥的方子，好多了。"杨开慧说："你是思乡病，吃了新梅六哥的方，当然要好。"

毛泽东说："对，有道理，我是思乡病呢。"众人听了哈哈大笑。"开慧给我们毛家亮了脸面，在毛家祠堂里给乡亲们上课，现在韶山冲的人都晓得，润之找了个有文化的夫人，韶山冲都传遍了。""开慧呀，我想不到你这么有胆量，不愧为杨门之后。"毛新梅又说："润之，你为我们毛家找这样一个好媳妇，乡亲都高兴，你的心情也好，思乡病当然也要好许多呀。现在要上夜校学文化的人很多，靠开慧一个人恐怕不行。她讲得再好，教室只坐得几十个人。我看，我们趁热打铁，耿侯、叔侃、志申，你们都教过书，也分头去办几个夜校，让更多的乡亲来受教育。赵恒惕省长这块牌子好打，我们都来打，打他的牌子，办我们的事。"不久，庞叔侃在花园冲办起了夜校，又过了些时日，毛福轩、钟志申、李耿侯分别在钟家湾、陈家桥也办起了夜校，他们第一课讲的都是：农民翻身做主人。

杨开慧积极协助毛泽东创办农民夜校，在很短的时间里，韶山地区办起了二十来所农民夜校。

这天夜里，毛泽东对杨开慧说："我们现在办了二十多所夜校，实际上是二十多个秘密农民协会。农民通过学文化，觉悟起来了。大家明白了许多道理，都盼着翻身过好日子呢。"毛泽东觉得要使农民过好日子，就必须让农民摆脱族权、神权、封建政权的欺压，打倒成胥生这样的贪官污吏。在中国，农民的力量是不可低估的。共产党在工厂中发展过党的力量，但中国的工人阶级不多，为什么不在农村基层中建立党的组织呢？如果在农村发展党的力量，把农民组织起来，就是一支十分强大的力量。时机已经成熟，杨开慧说："你在想下一步该怎么办？"毛泽东捧着杨开慧的双颊，说："世间知己吾与汝。开慧，你真是我的知己。我们下一步该在农民中发展党员，建立农村基层党支部，确立党在农民中的领导地位。"

毛泽东回到韶山之后，庞叔侃工作和学习的劲头很大，多次提出要求入党的愿望。几个积极分子的进步，大家都是有目共睹的。最后，毛泽东和湖南区委研究，决定成立韶山党支部。它是中国农村最早、最坚强的党支部之一。杨开慧协助毛泽东发展党员。阴历五月中旬的一个夏夜，在毛泽东家的阁楼上，举行新党员宣誓。宣誓时，杨开慧为监誓人。庞叔侃、钟志申、李耿侯、毛新梅举手宣誓：

努力革命，牺牲个人，服从组织，阶级斗争，永不叛党。

他们后来都实践了自己的誓言，被敌人打得皮开肉绽，面对着敌人的屠刀和枪口，都没有屈服，和早于他们入党的毛福轩一起，被誉称为"韶山五杰"。毛泽东宣布韶山党支部成立，毛福轩任书记，庞叔侃、毛新梅、钟志申、李耿侯任支部委员。党支部秘密代号为"庞德甫"。毛泽东说："'庞德甫'，是湖南农村第一个党支部的代号。现在是非常时期，我们的工作要秘密进行。我们只有保存党的实力，维护党的安全，才能更好地开展工作。"毛福轩说："我们第一笔党的活动经费，在银田寺镇办一个书店，由钟志申负责。书店作为党支部的秘密交通机关，并负责同上级党组织的联络……"韶山党支部在毛泽东和杨开慧的领导下建立起来了，韶山的农民运动有了领导核心，开始进入了一个新的阶段。

由于毛泽东在韶山的一些活动，给韶山穷苦的农民们带来了希望和鼓舞，反抗剥削和压迫的情绪高涨，而对于

成胥生和地主豪绅来说，像梦中的惊雷，非常害怕。成胥生罗列了毛泽东好几个罪名，还召集十多个乡绅签了名，就要送去县府，状告毛泽东。杨开慧开始心里也急。来韶山几个月，毛泽东虽然吃了些药，但身体还要调养，若这次省长蒋先余看了联名状来抓人，毛泽东在韶山待不住，又得东躲西藏，东奔西跑。她听说让毛泽东去广东，忙说这个办法好。广东已来了两次信催毛泽东去讲课，毛泽东早就该去了。毛泽东不着急，他说："成胥生这样的贪官污吏，在我们中国太多了。贪官盛行，民不聊生。我们对待这样的贪官污吏决不能回避，决不能心慈手软。这阵风不能躲，我们要以其人之道还治其人之身。我们也来个联名状。"

韶山农民运动的蓬勃开展，引起反动派的极大恐慌，湖南军阀赵恒惕再次下令通缉毛泽东。在人民群众的掩护下，毛泽东、杨开慧先后离开韶山，南下广州。住在广州东山庙前街38号。这是一座简陋的二层楼房，砖墙，瓦顶，大门对着街道，楼下住的是萧楚女，楼上大小三间，毛泽东、杨开慧一家人就住在这里。毛泽东在广州担任国民党中央宣传部代理部长，杨开慧主要是担任秘书，继续协助毛泽东工作，负责通讯联络，经常来往于毛泽东与周恩来、邓中夏、恽代英、林伯渠、李富春等人之间，传递文件、书信和消息。此外杨开慧还协助毛泽东做一些教育和发动农民的工作。北伐战争开始不久，毛泽东调任中共中央农民运动委员会书记，去了上海。1926年杨开慧同母亲一起带着孩子回到长沙，住在望麓园。杨开慧回长沙并没有闲着，此时她已身怀六甲，每天接待来看望她的同志们，听取他们关于各地工农运动的情况汇报，把它整理出来，供毛泽东参考。1926 年 12 月 3 日湖南全省第一次农民代表大会电请毛泽东到湖南对大会指导。党派毛泽东回长沙指导工作，夫妻再度团聚。毛泽东这次回湖南，还有一项主要的任务，就是考察湖南农民运动，以回击党内右倾机会主义者、国民党右派和地主豪绅对湖南农民运动的污蔑。此时杨开慧既要照顾母亲，又要照顾两个孩子。两个孩子正是调皮的年龄，岸英已经 4 岁，岸青 2 岁，况且杨开慧又怀孕在身，为了减轻杨开慧的家务劳动，毛泽东委托别人请了个保姆孙嫂。孙嫂叫陈玉英，湖南宁乡县坎塘人，出身于一个"讨米世家"，父母亲终年沿街乞讨，陈玉英从小就做童养媳，婆家姓孙，故被称为孙嫂。这段时间毛泽东正忙着做农民运动的工作，早出晚归。晚上回来之后，在房间里看书、写东西，有孙嫂带小孩和做饭，杨开慧就轻松多了。毛泽东和杨开慧这两位主人对孙嫂平等、热情相待，她暗暗庆幸自己遇到了一对好主人。孙嫂来到毛家，确实是一件大事，毛泽东可以放心地赴外地考察湖南农民运动。毛泽东于1927年1月4日至2月5日，深入湘潭、湘乡、衡山、醴陵、长沙等县，进行了32天农民运动考察工作。经过实地考察，毛泽东掌握了大量的第一手资料，对农民运动有了深刻的了解，对湖南农民运动具有发言权。杨开慧对大量的调查资料进行了认真的选择和整理。

△ 问苍茫大地，谁主沉浮？

长沙迁往武昌

（1927）

→ 工作上的好助手

★★★★★

（26 岁）

1927 年 1 月，国民政府迁往武汉。2 月 12 日，毛泽东从长沙到武汉，主办中央农民运动讲习所。2 月底，杨开慧和母亲、孙嫂一起带着孩子们来到武昌，住在都府堤 41 号。都府堤 41 号是一所三进两层的青砖楼房，靠近长江边，一共有十来间小房。进门两边是客房。过天井下屋左边为毛泽东、杨开慧的卧室。中间一间是书房，后面一间是向振熙和孙嫂带着两个孩子住。其余各间分别住着澎湃、夏明翰等人。

杨开慧既是良母，也是孝儿，更是贤妻，她是毛泽东工作上的好助手，生活上

　　的贴心人，毛泽东一刻也不想离开杨开慧。毛泽东这次来武昌主要是主办中央农民运动武昌讲习所。毛泽东是中央农民运动讲习所的主要负责人，按照毛泽东的要求，杨开慧在中央农民运动讲习所做一些具体的工作。当时，杨开慧已临近产期，但为了使毛泽东集中精力运筹革命大计，她几乎天天伏案工作到深夜，整理毛泽东在衡山等县考察农民运动带回来的调查材料。毛泽东多次夸奖道："我这个好秘书，抄写起来，又快又好。"正是在杨开慧的协助下，毛泽东很快写出了《湖南农民运动考察报告》一文，在党内外产生了巨大反响。1927 年 3 月 5 日湖南长沙的刊物《战士》首次刊登了《湖南农民运动考察报告》，这个报告里面也凝聚了杨开慧的心血。1927 年 3 月 12 日中共中央机关刊物《向导》发表了《湖南农民运动考察报告》前半部分。

在武昌，杨开慧生下第三个儿子毛岸龙。在武昌工作期间，毛泽东和杨开慧的生活很清苦，吃得随便，穿着也很随便，从不讲究。杨开慧的穿着很朴素，热天总是一身白粗布褂子，平时穿一件不新不旧的开襟子，外罩是一件旧的格子旗袍。日子虽然过得很清苦，但是毛泽东和杨开慧都对孙嫂很好，完全把她当做自己家人看待，彼此不分上下，不分你我，孙嫂和杨开慧就像亲姐妹一样无话不说。在武汉的日子，对杨开慧来说，艰苦而又紧张，复杂的局势扑朔迷离，围绕"农民运动"、迁都的争斗，革命与反革命的势力在暗暗地较量。

1927年4月12日，蒋介石在上海举起血腥的屠刀，发动了四·一二反革命政变，疯狂屠杀共产党员和革命群众，使我党蒙受惨重损失。开慧知道了这个消息，痛苦地流下了眼泪。

面对严峻的形势，4月27日到5月6日，党中央在武昌召开了中国共产党第五次全国代表大会。会上，毛泽东和陈独秀进行了激烈的辩论。掌握中央大权的陈独秀一意孤行，由于与陈独秀的意见相左，毛泽东又一次"赋闲"。大会没有对局势作出清醒的估计，甚至存在盲目乐观的情绪，简单认为资产阶级脱离革命，不但不会削弱革命，反而减少革命发展的障碍。这种观点使毛泽东十分忧虑，杨开慧也深深地为中国革命的前途忧虑，为中国共产党的命运担心。会后一天，毛泽东和杨开慧默默地登上武昌黄鹤楼，此时的心情无法用语言表达。毛泽东触景生情，赋词一首：

茫茫九派流中国，沉沉一线穿南北。烟雨

莽苍苍，龟蛇锁大江。

黄鹤知何去? 剩有游人处。把酒酹滔滔，心潮逐浪高!

此时，杨开慧也很不平静。

由于陈独秀的错误决策，以及蒋介石的反攻倒算，形势急转直下。广州、北京、长沙等地纷纷发生反革命政变，大批共产党人惨遭杀害。5月21日，长沙发生马日事变，湖南工会和农会组织了十几万工农武装，准备攻打长沙。但陈独秀却从武汉发来命令，要湖南临时省委立即取消攻城计划。结果，工农武装一撤退，反革命武装就对人民开始了大屠杀，使我党我军蒙受了极大的损失。马日事变客观上是国民党的叛变，主观上却是党内机会主义造成的恶果。在这紧急关头，湖南的共产党员、工农干部想到了毛泽东和杨开慧，请毛泽东出主意、想办法。从5月下旬，杨开慧几乎把全部的精力都放在了接待湖南来的同志上了。她冒着生命危险，把这些同志接进来，又把他们送出去，给他们包扎伤口，给他们送衣送饭。杨开慧劝他们不要泄气，形势会好转的，而且她和毛泽东不久就会回到湖南来。

7月15日，汪精卫撕下了国民党左派的伪装，正式与共产党决裂，封闭武汉的工会、农会，疯狂屠杀共产党员和革命分子，提出"宁可枉杀一千，不可使一人漏网"的口号。由于形势严峻，此时，杨开慧早就做了最坏的打算，她把板仓老家的族兄杨秀生叫到了武汉，让他把保姆和岸青先带回湖南乡下。8月7日，中国共产党在武汉召开了中央紧急会议。在会上严厉批评了陈独秀的错误路线，并撤销了他的领导职务。会议采纳了毛泽东的正确建议，即以主要力量发动和组织农民武装斗争，开展土地革命，以革命的武装反对反革命的武装，枪杆子里面出政权。这就是著名的八七会议。会后不久，杨开慧和毛泽东就回到了湖南。由于敌人搜查很严，毛泽东又是他们重点追捕的对象，因此杨开慧建议改变住处，从望麓园搬到了北门福寿桥附近的八角门楼，这里离省委所在地的沈家大屋很近，便于工作联系。

8月18日，毛泽东以中央特派员的身份，在沈家大屋召开了改组后的湖南省委第一次会议，具体部署了秋收起义的计划。会上毛泽东首先传达了八七会议精神，决定在湖南西部一带举行秋收起义，秋收起义的决定使杨开慧觉得眼前的一切都变得明朗起来，她对党的事业和革命的前途充满了希望。杨开慧始终关注着事态的发展，并准备时刻投入新的战斗。

板仓的战斗

(1927—1930)

→ 英勇就义

（26—29 岁）

    根据毛泽东的指示，杨开慧要回板仓开展工作。1927 年 8 月下旬的一天，毛泽东把杨开慧送回他们已离开很久的板仓。毛泽东与妻子和孩子依依话别。杨开慧含着眼泪一直把毛泽东送了很远，这是毛泽东和杨开慧最后的诀别。

    杨开慧回板仓后，立即投入了工作。根据毛泽东的意见，杨开慧建议为了配合秋收起义，要把板仓的农民尽快组织起来，并把全省的农民运动联系在一起。离秋收起义的时间越来越近了，杨开慧和同志们在紧张地进行着各方面的工作。

他们到处贴标语，扒铁路，找武器，干劲十足。

9月9日，毛泽东领导的秋收起义爆发了。胜利的消息不断传来，在毛泽东的正确领导下，工农革命军终于到达井冈山，建立了农村革命根据地。

在杨开慧和地下党组织的正确领导下，板仓的武装斗争开展得有声有色，有力地支援了秋收起义。尽管交通联络非常不方便，但杨开慧总是设法与毛泽东取得联系。1927年10月，毛泽东胜利到达井冈山后，曾给杨开慧写过一封信，信是用地下工作的暗语写的，说他出门后，生意开始做得不好，后来慢慢转机，生意又好了起来。信中暗示了斗争的曲折以及前途的光明。杨开慧看后，心里非常激动。当时毛泽东给杨开慧的信件，有的是用墨笔写的，有的是用明矾水写在纸上，要浸在水里才能显出字来。通过毛泽东的来信，杨开慧经常把前线的重要情况告诉大家。

1927年，湖南遭受到严重的自然灾害，板仓地区的很多农民缺衣少食。尤其在大革命失败后，国民党反动派采取疯狂的报复手段。在这样严峻的形势下，杨开慧积极地领导贫苦农民同敌人进行斗争。她教育大家，条件越是艰苦就越要团结一致，相互帮助，同舟共济，渡过困难时期。有人冬天没有衣服穿，她就拿出自己的衣服送去；有人没有饭吃，她就从自己的米缸中舀出来拿去。

1928年，斗争变得更加艰苦，许多共产党人惨遭杀害，板仓地区只有少数人在坚持战斗，杨开慧想方设法与党的上级部门取得联系，等待着党安排新的任务。当她终于与湘、鄂、赣边区特委书记滕代远取得联系时，心里那个激动和高兴劲儿就别提了。由于杨开慧及地下党组织卓有成效的工作，板仓地区的革命斗争开展得轰轰烈烈，杨开慧也声名远扬。贫苦农民热爱她，为了掩护她，避免暴露她的真实身份，总是亲切地称她为"霞姑"。无论她走到哪里，都会受到人们的热情欢迎。但她的名字也使敌人感到头疼，使敌人感到胆战，恨不得把她立即抓获。

当时有各种各样的关于杨开慧的传说。说得有鼻子有眼。因为杨开慧在群众中影响很大，人民群众热爱她，而国民党反动派对她则是又恨又怕。由于长时间与毛泽东音讯不通，杨开慧日益惆怅不安，对丈夫的思念和牵挂在诗中流露出来。1928年10月，杨开慧写下这首《偶感》诗。抒发了对毛泽东的挂念：

天阴起溯［朔］风，浓寒入肌骨。念兹远行人，平波突起伏。足疾已否痊？寒衣是否备？孤眠［谁］爱护,是否亦凄苦？书信不可通，欲问无［人语］。恨无双飞翮，飞去见兹人。兹人不得见，［惘］怅无已时。

无论是在井冈山，还是在闽西赣南，毛泽东都牵挂着杨开慧和孩子们，只恨敌军封锁，局势动荡，无法联系。1929年11月28日，毛泽东在给中央领导人李立三的信中写道："开慧和岸英等我时常念及他们，想和他们通讯，不知通讯处。闻说泽民在上海，请兄替我通知泽民，要他把开慧的通信处告诉我，并要他写信给我。"然而遗憾的是毛泽民并不在上海，早已被党派往天津领导地下印刷工作。毛泽东却一直在盼望着弟弟和妻子的来信。

1930年七八月间，由于李立三"左"倾机会主义的影响，红军两次组织攻打长沙。第一次取得胜利，又接着命令第二次攻打长沙，结果损失惨重，被迫从长沙撤到浏阳。但是长沙、平江、浏阳一带的地下党组织和赤卫队大部分暴露。国民党湖南省政府主席兼"清乡"司令部司令何键卷土重来，残酷镇压共产党人和革命群众。仅板仓、清泰、

△ 杨开慧在此被捕

白沙一带就有四百六十多名共产党员和革命群众被杀害。何键悬赏大洋1000元，捉拿"毛泽东的妻子杨氏"。情况越来越紧张，形势越来越险恶。板仓的上空乌云密布，充满了白色恐怖。但在群众的掩护下，杨开慧一次次地脱险。平江与长沙交界的地方全被封锁，"铲共义勇队"对过往行人严格盘查，对稍微有一点"共党"嫌疑的人皆不放过，甚至可以先斩后奏。

1930年10月下旬的一天下午，杨开慧

在通知地下党员开会时，不幸被敌人的密探发现了。第二天早晨天刚蒙蒙亮，何键派以范觐熙为首的"铲共义勇队"队员八十多人，悄悄包围了杨开慧的家。

一阵急促的砸门声，杨开慧知道，这是敌人来抓人了。她临危不惧，立即取出还未发出去的两份秘密文件，划着火柴烧掉。门被砸开了，杨开慧从容地面对冲进来的士兵，轻蔑地说："要走就走，不许你们胡来，孩子和老人无罪，我跟你们走！"临行前杨开慧对家里人说："不要怕，要跟共产党走，将革命进行到底。胜利一定是属于我们的。"敌人把杨开慧、毛岸英及保姆孙嫂一起押解到长沙。乡亲们流着眼泪，送了他们一程又一程。

杨开慧被捕的消息一经传开，震动了板仓，震动了长沙。地下组织和革命群众曾多次设法营救，但由于敌人戒备森严，皆未成功。

敌人抓住杨开慧，如获至宝，以为从这位女共产党员身上可以得到很多重要情报，不仅可以破获共产党的高级机关，而且可以追捕到共产党领袖毛泽东和朱德，从而到蒋介石那里邀功请赏，升官发财。

杨开慧被押到长沙后，曾先后被关押在伪警备部、清乡部、陆军监狱等地方。敌人妄图从杨开慧身上得到有价值的情报，对她实行软硬兼施的手段，但她根本就不理这一套。

在特种刑庭里，敌执法处长问："毛泽东在哪里？你们的地下组织在哪里？交出你们地下党的名单！"杨开慧眼睛看着别处，一言不发。当执法处长问到第五遍时，她才冷冷地说："我早就回答过：不知道！"敌人不死心，仍继续拷问。杨开慧除了说"不知道"外，敌人没有听到一句对他们有用的话。敌人恼羞成怒，兽性大发，开始对杨开慧施以苦刑。他们用皮鞭抽，用竹签扎，用杠子压，杨开慧被打得遍体鳞伤，鲜血淋漓，她一次又一次地昏死过去，醒过来后，敌人又一次次地用刑。"你怎么同毛泽东取得联系？"

一阵沉默。杨开慧连头也不抬。"你们地下组织共有多少人？"仍是沉默。凶狠的敌人仍不放过她，竟强行敲开她的牙齿，在她耳边疯狂地逼问："快说，毛泽东在哪里？你的同党在哪里？"杨开慧慢慢地睁开眼睛，吐出口中的污血，声音微弱却清清楚楚地说道：

"毛泽东？在我心里，同志们？也在我心里！"几天来，敌人对杨开慧用尽毒刑，没能得到一点党的机密和关于毛泽东的消息，急得像热锅上的蚂蚁。敌人开始诱骗小岸英，问他："你爸爸用手绢包着糖带来给你吃，是吧？"岸英摇摇头："不知道！""爸爸给妈妈来信说些什么？"敌人继续盘问。"不知道！"岸英摇摇头。敌人的阴谋又落空了。岸英回到牢房，把经过告诉妈妈。妈妈高兴地把岸英搂在怀里，脸上露出了微笑。敌人见用硬的不行，又改用软的。伪执法处长把杨开慧"请"到客厅，假惺惺地说："你还年轻，而且上有老，下有小，何必这么认死理呢？其实你只要答应我们一个小小的条件，我们马上就可以恢复你的自由。只要你在报纸上登一个同毛泽东脱离关系的启事就可以了。"杨开慧觉得敌人的这个小把戏很可笑，轻蔑地说："要杀就杀，要砍就砍，别费这些心思了。你们不会从我口中知道任何有用的东西。至于说要我同毛泽东脱离关系，更是痴心妄想！"

敌人无计可施，只好又把她投进监狱。

在狱中，杨开慧劝难友们不要灰心，要不怕牺牲，要经受住考验，只要坚持斗争，就一定能取得革命的胜利。她还启发岸英，给他讲革命道理，还要他牢牢记住狱中所发生的事情。敌人见杨开慧已是铁石心肠，于是决定对她下毒手了！

1930年11月14日，清晨6点钟。长沙司禁湾陆军署监狱的大门打开了。清乡司令部特务连的二十多名匪兵，荷枪实弹，站列在大门两旁。监狱署长欧国贤站在地坪中央，男女看守分别站在牢门口。看守长赵而鸿发出一声狼嚎："提杨开慧！"这一声狼嚎把狱中的难友们惊醒了，纷纷涌向窗口。关押杨开慧的牢门打开了，杨开慧走出牢房。她贴身穿了件舅妈为她新做的白布衣，外面罩着一件蓝旗袍，脚上穿着一双洁白的袜子、黑色粗布鞋，显得更加朴素庄重。临行前用手理一理头上的短发，摸摸颈下的衣扣，昂然向大门走去。

此时，8岁的岸英从牢房里飞奔而出。他满脸是泪水，扑到妈妈的脚下，抱着杨开慧的腿号啕大哭："妈妈，妈妈！我舍不得你啊！妈妈——"

作为母亲的杨开慧，强忍泪水。她弯下身扶起岸英，紧紧搂在胸前，轻声安慰说："孩子，如果你将来见到爸爸，就说妈妈没有做对不起党的事。说我非常想念他……我不能再帮助他了，请他多多保重！"岸英含泪点头。

这时候，孙嫂也踉跄着奔出来："杨先生，你不能走啊！"

杨开慧望着她说："孙嫂，我的三个孩子都还小，他们是润之的亲骨肉，是革命的幼苗，我不能承担抚养的责任了，全托给你吧！"

孙嫂忍不住哭出了声。杨开慧又说："等孩子长大以后，一切都会好的。"

然后，杨开慧抬起头，望了望狱中的难友们，说："同志们，别难过，只要坚持斗争，总有一天会胜利的，永别了！"

她转身往外走，身后传来了岸英的呼喊声、孙嫂的痛哭声、难友们的哭泣声。随后，杨开慧从司禁湾又押到了督军署。督军署，从前是府台衙门，当时是国民党湖南省政府的所在地。杨开慧抬眼望去，只见院子里三步一哨，五步一岗，刀光剑影，如临大敌。

在清乡司令部中厅特种刑庭的审讯室里，坐着执法处长李琼。他审问杨开慧，你真的不愿意与毛泽东脱离夫妻关系么？"杨开慧斩钉截铁地说："无需多问，早就回答你们了！"

"你上有老母，下有孩子，年纪轻轻的，就不为自己的将来想想？"

"这些事，我自己有主张，不用你们管！"

"你不怕死吗？"

"牺牲小我，成功大我！"

"好！"李琼把脸沉下，问道："对你的亲属，有什么遗言？"

"你可以告诉他们，我死后，不要做俗人之举。"

刑庭上静下来。接着，李琼拿出一纸文书，捧着喊道："……判处共党要犯，毛泽东之妻杨氏开慧死刑，立即绑赴刑场枪决！"话音刚落，几个法警上前要绑杨开慧。杨开慧奋力推开要绑她的敌人，高声斥道："我自己走！"然后，转过身，大义凛然地走出了省清乡司令部的特种刑庭。

杨开慧来到督军署大门口，马上被五花大绑起来，推向街头。此时长沙上空，西风萧瑟，愈显得阴冷凄凉。一个瘦骨嶙峋的吹鼓手，弓着背吹着杀人号开路，随后是四五十个军警，提着上了刺刀的步枪，分作两路沿街高喊着："滚开！滚开！行人滚开！"杨开慧被两个刽子手夹着走在中间，她后面还有一起就义的六个难友。在他们后面是骑在马上满脸杀气的监斩官。

已是中午时分，街两边的店铺都已关门。行人站在房檐前，呆呆地看着他们，杨开慧一路上气宇轩昂地挺着胸脯。

突然，她带头喊起了口号：

"劳苦大众联合起来，打倒国民党！"

同赴刑场的难友听见口号声，一个个都昂头挺胸，齐声呼应：

"打倒国民党！"

口号声使关闭的店铺的门又打开，男女老幼向街上张望，杨开慧又用力喊着口号：

"打倒蒋介石！"

"中国共产党万岁！"

难友们都跟着喊，刽子手骂着，甚至用枪托砸杨开慧的脊背。但是，她全然不顾，继续高呼口号。

杨开慧不停地高呼口号，军警把她打倒在地上，然而她爬起来又喊，难友们互相鼓励，互相声援，直喊得行人频频掉泪，法警们垂头丧气。监斩官急得骑马团团转，只好叫来几部人力车，拉着杨开慧等人火速赶往识字岭刑场。

杨开慧等人来到了识字岭。下午1点钟，行刑的时间到了。一声枪响之后，杨开慧英勇就义，年仅 29 岁。牺牲前她只说了一句话："死不足惜，但愿润之革命早日成功。"

杨开慧为革命，为人民，为崇高的共产主义事业英勇捐躯，洒尽热血，贡献出了自己壮丽的青春，一直战斗到最后一息。毛泽东失去了亲爱的夫人、亲密的战友，我们的党失去了一位优秀的党员，中国革命的队伍里失去了一位伟大的战士。

第二天，《湖南国民日报》登了枪杀杨开慧的消息：

经清乡部审讯，对努力共党工作，煽惑妇女，扩大红军女赤卫队，扰害湘鄂赣各省地方不宁，已于昨日十四日下午一时，监提女共匪毛杨氏一名，绑赴识字岭刑场，执行枪决。

杨开慧牺牲后，杨开慧的六舅妈严嘉委托堂兄向树林前往长沙识字岭，帮助杨开慧族兄杨秀生收殓尸体。在向树林和杨秀生及板仓亲友的帮助下，杨开慧的遗体被连夜运回板仓，安葬在松树环绕的青松坡上。

毛岸英出狱后，由严嘉接到平江石洞调养了几天，然后送到板仓外婆杨家，由外婆向振熙、舅妈李崇德抚养。不久，毛岸英、毛岸青和毛岸龙被党组织送往上海。

→ 葺墓立碑

☆☆☆☆☆

　　1930 年 12 月，毛泽东在江西吉水县木口村，从报纸上得知杨开慧殉难的消息，悲恸万分。一连几个晚上彻夜难眠，回忆起她的音容笑貌以及在一起的情景。他寄去 30 块光洋和一封信给杨开智，说："开慧之死，百身莫赎。"随后，板仓人遵照毛泽东给杨开慧修墓立碑的嘱托，上刻"毛母杨开慧墓。男岸英、岸青、岸龙刻。民国十九年冬立"等字。解放后，毛泽东仍常怀念杨开慧。1957 年，他给故人柳直荀的遗孀李淑一回信时，写下了《蝶恋花·答李淑一》。1958 年 1 月 1 日，《蝶恋

△ 毛泽东手迹《蝶恋花·答李淑一》

花·答李淑一》在《湖南师院》最先发表，这是毛泽东诗词中，唯一首先在地方刊物发表的词。之后，《人民日报》、《诗刊》等报刊相继刊出。这首词表达了毛泽东对失去夫人杨开慧和亲密战友柳直荀烈士万分悲痛的心情，寄托了毛泽东对杨开慧无限的深情和思念。

杨开慧墓地在长沙县东乡板仓，距长沙市百里之遥。当时交通不便，下车后还要步行30公里才能到达。烈士坟墓由于当地群众的爱护一直保护较好,且建有半月式墓围,并树有碑石"杨开慧之墓",但无烈士标志。对于杨开慧烈士墓地,1950年,杨开慧墓被修葺一新。毛岸英对母亲进行了简朴而庄严的祭奠,随后踏上了朝鲜战场,一去而未归。

1956年,在当地政府的关心下,一条由板仓通向外界的简易公路修成了。1958年,在"大跃进"运动中,新民、开慧两乡合并为"开慧公社"。在1958年秋季,当地政府重修烈

△ 葺墓立碑

士墓：一是在墓围上首改竖了一块"杨开慧烈士之墓"的石碑，并特意将墓基适当扩大了一点，下首置花岗岩护栏横匾，上刻"忠烈长存"四个大字；二是在墓的旁边建了一个竹木结构的六角纪念亭，上盖杉木皮，虽然简单朴素却也更增添了庄严肃穆的气氛；三是在亭与墓之间竖了一个高约4米的纪念碑。该碑向山的一面刻着"革命烈士杨开慧 杨开明 杨展茔地"（注：杨开明为杨开慧堂兄，杨展为杨开慧的侄女，二人为革命而牺牲），向公路一面刻着"光辉长照后人心"七个字。1959年底，当地政府又在离墓地百米之遥，兴建了一栋小小的招待所，为远道前来瞻仰的人提供住宿。

1962年11月，杨开慧的母亲向振熙在长沙谢世，毛泽东寄去500元钱作奠礼，同时致信杨开智：杨老夫人葬仪"可以与杨开慧同志我亲爱的夫人同穴。我们两家同是一家，不分彼此，望你节哀顺变。"杨开慧在毛泽东心中一直占有重要位置，他终生难以忘怀与杨开慧一起度过的美好时光，深深怀念这位"亲爱的夫人"。

1967年4月，当地政府又重修杨开慧墓地并建陵园，占地约20亩。1969年，毛泽东的愿望得以实现，向振熙与女儿合穴并骨，新建的合葬墓落成。从山脚至墓区由三层梯形平台相连，墓冢在最上层正方形平台之中，墓碑横置

△ 杨开慧烈士之墓

斜放，汉白玉石质，刻楷书碑文"杨开慧烈士之墓"。其下镌刻毛泽东撰写"杨老夫人与开慧烈士同穴"的题记。另建大型词碑一方于墓后,镌刻毛泽东手书《蝶恋花·答李淑一》词。杨开慧祖父杨书樵与父亲杨昌济的合葬墓以及堂弟杨开明烈士墓亦在陵园内。

后　记

泪飞化作倾盆雨

　　2010 年 5 月 4 日，屋外下着大雨，我坐在家里，敲打着键盘，叙述着杨开慧 29 年的生命历程。《巾帼英雄杨开慧》的故事，似乎讲完了。可我心里总觉得还有许多想说的话没有说完，英雄的故事讲也讲不完。

　　杨开慧的一生平凡而伟大。她默默地做着丈夫的好助手、好妻子，三个儿子的好母亲，历尽艰辛。她承担了全部繁重的家务，而且坚决支持毛泽东改造中国的主张。她将自己与丈夫的事业融为一体，跟着丈夫东奔西走，帮助丈夫整理文件、办刊物、搞交通联络。

　　1930 年 10 月，杨开慧被捕，她的儿子毛岸英也被抓坐牢。面对穷凶极恶的国民党的种种威逼利诱、严刑拷打，杨开慧坚贞不屈，大义凛然："你们要打就打，要杀就杀，要想从我的口里得到你们满意的东西，妄想！""砍头只像风吹过！死，只能吓胆小鬼，吓不住共产党人！"敌人逼问她毛泽东的去向，要她公开宣布与毛泽东脱离夫妻关系，杨开慧斩钉截铁地回答："要我与毛泽东脱离关系，除非海枯石烂！"同年11月14日杨开慧在长沙被杀害，年仅29岁。英雄的生命结束了，而永远不会结束的是英雄的精神。这种精神给予普通民众的是不朽的力量和感动。

当毛泽东得到杨开慧壮烈牺牲的噩耗后，悲痛地说："开慧之死，百身莫赎。"并寄钱为烈士修墓。解放后，毛泽东的长子岸英回板仓祭奠自己的母亲，当地政府采取多种形式整修墓地，纪念烈士。1950年根据人民的意愿，将旧制白石乡正式命名为开慧乡，烈士所在村命名为开慧村，以表示家乡人民对杨开慧烈士的永远纪念。1959年，开慧人民公社党委和管委会在板仓棉花坡首次修葺杨开慧烈士墓，在墓前竖起"光辉长照后人心"的青石碑。1983年，杨开慧烈士陵园被定为湖南省重点文物保护单位。1993年，在毛泽东百年诞辰之际，人民缅怀伟人，怀念亲人，社会各界和人民群众捐资雕塑了杨开慧烈士汉白玉全身像，立于烈士陵园之中。它带给人们的是先烈的大无畏英雄气概，为人民谋幸福的无私奉献精神和奋发进取积极向上的力量。在 2001 年 11 月杨开慧诞辰 100 周年纪念之际，时任国务院总理的朱镕基亲笔为之写下了"骄杨丽质，英烈忠魂"的题词。如今杨开慧烈士的故乡已成为红色旅游胜地和革命传统教育基地。

杨开慧为了中国人民的革命事业，奉献出那么多的辛劳，那么多的牺牲和那么多的爱。她是伟大的、高尚的，她值得人们敬仰、纪念与爱戴。我们以她为骄傲，以她为楷模。

在和平年代，人们没有忘记杨开慧，杨开慧的精神在激励着人们。

英雄的故事永远不会结束。